OESO-richtlijnen voor multinationale ondernemingen inzake maatschappelijk verantwoord ondernemen

OECD
BETTER POLICIES FOR BETTER LIVES

De wijzigingen van 2023 van de Richtlijnen voor multinationale ondernemingen inzake maatschappelijk verantwoord ondernemen zijn aangenomen door de Onderschrijvende landen van de Verklaring over internationale investeringen en multinationale ondernemingen [OECD/LEGAL/0144]. Het besluit over de Richtlijnen voor multinationale ondernemingen inzake maatschappelijk verantwoord ondernemen [OECD/LEGAL/0307] is door de OESO-Raad op ministerieel niveau aangenomen. De toelichtingen op beide zijn goedgekeurd door het Investeringscomité van de OESO. Het voorwoord wordt gepubliceerd onder de verantwoordelijkheid van de secretaris-generaal van de OESO en geeft niet noodzakelijk de officiële standpunten van de OESO-lidstaten weer.

Dit document en de daarin opgenomen kaarten doen geen afbreuk aan de status van of soevereiniteit over een gebied, noch aan de afbakening van de internationale grenzen en de naam van een gebied, stad of regio.

Gelieve naar deze publicatie te verwijzen als:
OECD (2024), *OESO-richtlijnen voor multinationale ondernemingen inzake maatschappelijk verantwoord ondernemen*, OECD Publishing, Paris, https://doi.org/10.1787/f3667ab4-nl.

ISBN 978-92-64-86435-1 (afdruk)
ISBN 978-92-64-80970-3 (PDF)

Originele titel: OECD (2023), *OECD Guidelines for Multinational Enterprises on Responsible Business Conduct*, OECD Publishing, Paris, https://doi.org/10.1787/81f92357-en.
Deze vertaling is gemaakt in opdracht van het Directoraat Financiële Zaken en Ondernemingen en de nauwkeurigheid ervan kan niet worden gegarandeerd door de OESO. De enige officiële versies zijn de Engelse en/of Franse teksten.

Rectificaties van OESO-publicaties zijn online te vinden op: www.oecd.org/about/publishing/corrigenda.htm.

Voorwoord

De OESO-*richtlijnen voor multinationale ondernemingen inzake maatschappelijk verantwoord ondernemen* (de *Richtlijnen*) zijn aanbevelingen die gezamenlijk door de regeringen aan multinationale ondernemingen worden gedaan om de bijdrage van het bedrijfsleven aan duurzame ontwikkeling te vergroten en de negatieve gevolgen van bedrijfsactiviteiten voor mensen, de planeet en de samenleving aan te pakken. De *Richtlijnen* worden ondersteund door een uniek uitvoeringsmechanisme, de Nationale Contactpunten voor maatschappelijk verantwoord ondernemen (NCP's), die door regeringen zijn opgericht om de doeltreffendheid van de *Richtlijnen* te bevorderen.

Sinds de invoering ervan in 1976 zijn de *Richtlijnen* voortdurend bijgewerkt om te blijven beantwoorden aan de maatschappelijke uitdagingen en de veranderende context voor het internationale bedrijfsleven. De update van 2023 weerspiegelt de tien jaar ervaring die is opgebouwd na de laatste herziening in 2011 en speelt in op de dringende maatschappelijke, milieu- en technologische prioriteiten van samenlevingen en bedrijven. De belangrijkste updates zijn:

- Aanbevelingen voor ondernemingen om zich aan te passen aan internationaal overeengekomen doelstellingen inzake klimaatverandering en biodiversiteit
- Opname van gepaste zorgvuldigheid ("due diligence") verwachtingen met betrekking tot de ontwikkeling, financiering, verkoop, licentieverlening, handel en gebruik van technologie, met inbegrip van het verzamelen en gebruiken van gegevens
- Aanbevelingen over de wijze waarop van ondernemingen wordt verwacht dat zij gepaste zorgvuldigheid toepassen met betrekking tot gevolgen en zakelijke relaties in verband met het gebruik van hun producten en diensten
- Betere bescherming van personen en groepen die gevaar lopen, met inbegrip van personen die bezorgdheid uiten over het gedrag van ondernemingen
- Geactualiseerde aanbevelingen inzake de informatieverstrekking over maatschappelijk verantwoord ondernemen
- Uitgebreide gepaste zorgvuldigheidsaanbevelingen betreffende alle vormen van corruptie
- Aanbevelingen voor ondernemingen om ervoor te zorgen dat lobbyactiviteiten in overeenstemming zijn met de *Richtlijnen*
- Versterkte procedures om de zichtbaarheid, doeltreffendheid en functionele gelijkwaardigheid van de nationale contactpunten voor maatschappelijk verantwoord ondernemen te waarborgen

De actualisering werd uitgevoerd door de 51 Onderschrijvende landen van de Verklaring van de OESO inzake internationale investeringen en multinationale ondernemingen en de Europese Unie, die deelnemen aan de OESO-werkgroep voor maatschappelijk verantwoord ondernemen en het Investeringscomité van de OESO. Bij de actualisering werd dankbaar gebruikgemaakt van de nauwe betrokkenheid van de institutionele belanghebbenden "Business at OECD", het "Trade Union Advisory Committee" van de OESO, en OECD Watch, die de standpunten van miljoenen bedrijven, werknemers en leden van het maatschappelijk middenveld wereldwijd vertegenwoordigen. Het proces omvatte ook twee openbare consultaties die open stonden voor geïnteresseerde belanghebbenden uit de hele wereld.

De OESO-organen en hun respectieve secretariaten zijn geraadpleegd en hebben bijgedragen aan de herzieningen van thematische hoofdstukken van de *Richtlijnen*, waaronder het Mededingingscomité; het Comité consumentenbeleid; het Comité ondernemingsbestuur ("corporate governance"); het Comité ontwikkelingsbijstand; het Comité digitale economie; het Comité voor werkgelegenheid, arbeid en sociale zaken; het Comité voor milieubeleid; het Comité financiële markten; het Comité fiscale zaken; het Comité industrie, innovatie en ondernemerschap; het Comité verzekeringen en particuliere pensioenen; het Comité wetenschappelijk en technologisch beleid; het Comité midden- en kleinbedrijf en ondernemen; het Handelscomité; de Werkgroep omkoping bij internationale handelstransacties; en de Werkgroep hoge functionarissen integriteit openbaar bestuur.

De actualisering werd in de hele linie ondersteund door het Centrum voor maatschappelijk verantwoord ondernemenvan het Directoraat Financiën en Bedrijfsleven van de OESO.

Inhoudsopgave

Verklaring over internationale investeringen en multinationale ondernemingen

DE REGERINGEN DIE DE RICHTLIJNEN ONDERSCHRIJVEN[1]

OVERWEGENDE:

- Dat internationale investeringen van groot belang zijn voor de wereldeconomie en in aanzienlijke mate hebben bijgedragen aan de ontwikkeling van hun landen;
- Dat multinationale ondernemingen een belangrijke rol spelen in dit investeringsproces;
- Dat internationale samenwerking het klimaat voor buitenlandse investeringen kan verbeteren, de positieve bijdrage die multinationale ondernemingen kunnen leveren aan de vooruitgang op economisch, sociaal en milieugebied kan bevorderen en de moeilijkheden die uit hun activiteiten kunnen voortvloeien tot een minimum kan beperken en oplossen;
- Dat de voordelen van internationale samenwerking worden vergroot door kwesties in verband met internationale investeringen en multinationale ondernemingen aan te pakken door middel van een evenwichtig kader van onderling samenhangende instrumenten;

VERKLAREN:

Richtlijnen voor multinationale ondernemingen

I. Dat zij multinationale ondernemingen die op of vanaf hun grondgebied actief zijn, gezamenlijk aanbevelen de Richtlijnen in Bijlage 1 hierbij na te leven,[2] rekening houdend met de overwegingen en afspraken die in het voorwoord zijn uiteengezet en daarvan een integrerend deel uitmaken;

Nationale behandeling

II. 1. Dat onderschrijvende regeringen, in overeenstemming met hun behoeften om de openbare orde te handhaven, hun wezenlijke veiligheidsbelangen te beschermen en hun verplichtingen op het gebied van

[1] Sinds 8 juni 2023 zijn alle OESO-leden Onderschrijvende landen, alsmede Argentinië, Brazilië, Bulgarije, Kroatië, Egypte, Jordanië, Kazachstan, Marokko, Peru, Roemenië, Tunesië, Oekraïne en Uruguay. De Europese Gemeenschap is verzocht betrokken te zijn bij het deel over nationale behandeling voor aangelegenheden die onder haar bevoegdheid vallen.

[2] De tekst van de OESO-richtlijnen voor multinationale ondernemingen inzake maatschappelijk verantwoord ondernemen is opgenomen in deel I van deze publicatie.

internationale vrede en veiligheid na te komen, ondernemingen die op hun grondgebied actief zijn en direct of indirect eigendom zijn of onder zeggenschap staan van onderdanen van een andere onderschrijvende regering (hierna "ondernemingen in buitenlandse handen" genoemd) op grond van hun wettelijke en bestuursrechtelijke bepalingen en administratieve praktijken, een behandeling toekennen die in overeenstemming is met het internationaal recht en niet minder gunstig is dan die welke in soortgelijke situaties aan binnenlandse ondernemingen wordt toegekend (hierna "nationale behandeling" genoemd);

2. Dat onderschrijvende regeringen zullen overwegen “nationale behandeling” toe te passen ten aanzien van andere landen dan onderschrijvende regeringen;

3. Dat onderschrijvende regeringen zich zullen inspannen om ervoor te zorgen dat hun regionale onderdelen “nationale behandeling” toepassen;

4. Dat deze Verklaring geen betrekking heeft op het recht van onderschrijvende regeringen om de toegang van buitenlandse investeringen te reguleren, noch op de voorwaarden voor vestiging van buitenlandse ondernemingen;

Tegenstrijdige eisen

III. Dat zij zullen samenwerken om het opleggen van tegenstrijdige eisen aan multinationale ondernemingen te vermijden of tot een minimum te beperken, en dat zij rekening zullen houden met de algemene overwegingen en praktische benaderingen als uiteengezet in Bijlage 2.[3]

Internationale investeringsstimulansen en - belemmeringen

IV. 1. Dat zij erkennen dat hun samenwerking op het gebied van internationale directe investeringen moet worden versterkt;

2. Dat zij aldus de noodzaak erkennen om naar behoren rekening te houden met de belangen van onderschrijvende regeringen die worden getroffen door specifieke wettelijke en bestuursrechtelijke bepalingen en administratieve praktijken op dit gebied (hierna “maatregelen” genoemd) die officiële stimulansen en belemmeringen voor internationale directe investeringen bieden;

3. Dat de onderschrijvende regeringen ernaar streven deze maatregelen zo transparant mogelijk te maken, zodat het belang en het doel ervan kunnen worden vastgesteld en informatie over deze maatregelen gemakkelijk beschikbaar kan zijn;

Overlegprocedures

V. Dat zij bereid zijn over bovengenoemde aangelegenheden overleg te plegen overeenkomstig de desbetreffende besluiten van de Raad;

Evaluatie

VI. Dat zij bovengenoemde kwesties op gezette tijden zullen evalueren om de internationale economische samenwerking tussen de onderschrijvende regeringen op het gebied van internationale investeringen en multinationale ondernemingen doeltreffender te maken.

[3] Bijlage 2 is te vinden in de volledige versie van de Verklaring van de OESO inzake internationale investeringen en multinationale ondernemingen, die hier beschikbaar is: https://legalinstruments.oecd.org/en/instruments/OECD-LEGAL-0144.

Deel I: OESO-richtlijnen voor multinationale ondernemingen inzake maatschappelijk verantwoord ondernemen

Tekst en toelichting

Voorwoord

1. De OESO-*richtlijnen voor multinationale ondernemingen inzake maatschappelijk verantwoord ondernemen* (de *Richtlijnen*) zijn aanbevelingen die door regeringen aan multinationale ondernemingen worden gedaan. Het gezamenlijke doel van de Onderschrijvende landen van de *Richtlijnen* is het stimuleren van de positieve bijdragen die multinationale ondernemingen aan economische, ecologische en sociale vooruitgang kunnen leveren, alsmede het minimaliseren van de negatieve gevolgen die verband kunnen houden met hun activiteiten, producten en diensten. Maatschappelijk verantwoord ondernemen kan de totstandbrenging van een gelijk speelveld op de wereldmarkten mogelijk maken, een dynamische en goed functionerende bedrijfssector bevorderen en de bijdrage van het bedrijfsleven aan de resultaten van duurzame ontwikkeling vergroten, waaronder het vinden van oplossingen om de klimaatverandering aan te pakken en erop te reageren.

2. De *Richtlijnen* zijn een onderdeel van de *OESO-Verklaring inzake internationale investeringen en multinationale ondernemingen* [OECD/LEGAL/0144]. De Onderschrijvende landen van de Richtlijnen verbinden zich ertoe de doeltreffendheid ervan te vergroten overeenkomstig het *Besluit van de OESO-Raad over de Richtlijnen voor multinationale ondernemingen over maatschappelijk verantwoord ondernemen* [OECD/LEGAL/0307]. De Nationale Contactpunten voor maatschappelijk verantwoord ondernemen spelen in dit verband een centrale rol.

3. De *Richtlijnen* zijn bedoeld om verantwoorde handel en investeringen aan te moedigen en aldus de voordelen van handel en investeringen te vergroten door voortdurende betrokkenheid en verbetering op alle markten in de wereld. Internationale handel en investeringen versterken en verdiepen de banden tussen landen en regio's in de wereld en genereren aanzienlijke voordelen die samenlevingen nodig hebben om resultaten op het gebied van duurzame ontwikkeling te behalen, waaronder het scheppen van meer en betere banen, ontwikkeling van vaardigheden, levering van producten en diensten die de levensstandaard verhogen, en toegang tot financiering en technologie die nodig is voor de digitale en groene transitie.

4. De *Richtlijnen* geven uitdrukking aan de gedeelde verwachtingen van de Onderschrijvende landen voor maatschappelijk verantwoord ondernemen van bedrijven die in of vanuit hun land actief zijn, en vormen een gezaghebbend referentiepunt voor het bedrijfsleven en andere belanghebbenden. Zij bevelen ondernemingen aan om op risico gebaseerde gepaste zorgvuldigheid te betrachten om feitelijke en potentiële negatieve gevolgen voor aangelegenheden die onder de *Richtlijnen* vallen, te identificeren, te voorkomen, te beperken en te verantwoorden. In dit verband vormen de *Richtlijnen* zowel een aanvulling op, als een versterking van de private en publieke inspanningen om maatschappelijk verantwoord ondernemen te definiëren en toe te passen.

5. De *Richtlijnen* voorzien in vrijwillige beginselen en normen voor maatschappelijk verantwoord ondernemen die in overeenstemming zijn met de toepasselijke wetgeving en internationaal erkende normen. Zaken waarop de *Richtlijnen* betrekking hebben, kunnen onder het nationale recht en internationale verbintenissen vallen. De *Richtlijnen* bevatten aanbevelingen voor maatschappelijk verantwoord ondernemen die verder gaan dan wat ondernemingen wettelijk verplicht zijn na te leven. De aanbeveling van regeringen aan ondernemingen om de *Richtlijnen* in acht te nemen, onderscheidt zich van kwesties van wettelijke aansprakelijkheid en handhaving.

6. Het vermogen van multinationale ondernemingen om duurzame ontwikkeling te bevorderen wordt aanzienlijk versterkt wanneer handel en investeringen plaatsvinden in een context van open, concurrerende en naar behoren gereguleerde markten binnen de rechtsstaat en met bescherming van de

ruimte voor het maatschappelijk middenveld. Regeringen spelen een belangrijke rol bij het ondersteunen van de doeltreffende uitvoering van de *Richtlijnen*, onder meer door het creëren van een gunstig beleidsklimaat om verantwoorde bedrijfspraktijken te stimuleren, te ondersteunen en te bevorderen. Beleidscoherentie op nationaal en internationaal niveau kan de afstemming en harmonisatie van initiatieven op het gebied van maatschappelijk verantwoord ondernemen bevorderen. Een doordachte mix van beleidsmaatregelen, die zowel verplichte als vrijwillige maatregelen en capaciteitsopbouw en andere begeleidende maatregelen kan omvatten, is in dit verband relevant. Het ontwerp van specifieke beleidsmaatregelen, wetgeving en andere maatregelen over maatschappelijk verantwoord ondernemen zal worden bepaald door de politieke, administratieve en juridische context van de afzonderlijke landen.

7. De politieke, economische, ecologische, sociale, fysieke en technologische omgeving voor het internationale bedrijfsleven ondergaat ingrijpende en snelle veranderingen. De *Richtlijnen* zelf hebben een ontwikkeling ondergaan om deze veranderingen weer te geven. De afgelopen decennia is het aandeel van de internationale handel en financiën in de wereldeconomie aanzienlijk gegroeid. Grote ondernemingen nemen nog steeds het leeuwendeel van de internationale handel en investeringen voor hun rekening. Tegelijkertijd zijn ook de buitenlandse investeringen door het midden- en kleinbedrijf toegenomen, en spelen deze bedrijven inmiddels een belangrijke rol op de internationale markten. Multinationale ondernemingen zijn, net als de nationaal opererende, in de loop der tijd met een breder palet aan zakelijke constructies en organisatievormen gaan werken. Technologische ontwikkelingen en strategische allianties en nauwere relaties met leveranciers en onderaannemers doen de grenzen van de onderneming vervagen. De snelle ontwikkeling van de structuur van multinationale ondernemingen komt ook tot uiting in hun activiteiten in opkomende economieën en ontwikkelingslanden, waarvan het aandeel in de grensoverschrijdende handel en investeringen toeneemt. In opkomende economieën en ontwikkelingslanden hebben multinationale ondernemingen hun activiteiten uitgebreid van primaire productie en winningsindustrieën naar productie, assemblage, en de ontwikkeling van de binnenlandse markt en diensten.

8. De aard, omvang en snelheid van de economische veranderingen vormen nieuwe strategische uitdagingen voor ondernemingen en hun belanghebbenden. Er bestaat een intense concurrentiestrijd en multinationale ondernemingen worden geconfronteerd met een veelheid aan parameters op juridisch, sociaal en reglementair vlak. Veel multinationale ondernemingen hebben aangetoond dat inachtneming van strenge gedragsnormen bevorderlijk is voor groei en winstgevendheid. Ondernemingen passen in toenemende mate bedrijfsmodellen toe die duurzame ontwikkeling nastreven en de samenhang tussen economische, ecologische en sociale doelstellingen ondersteunen. Ondernemingen hebben ook de sociale dialoog over verantwoord ondernemen bevorderd en hebben met belanghebbenden samengewerkt, onder meer in het kader van multi-stakeholder initiatieven, om richtsnoeren voor maatschappelijk verantwoord ondernemen te ontwikkelen.

9. De goedkeuring van de *Richtlijnen* in 1976 en de latere actualiseringen ervan weerspiegelen de toegenomen eisen voor het bedrijfsleven om de beginselen en normen over maatschappelijk verantwoord ondernemen te volgen. De start van dit proces kan herleid worden naar het werk van de Internationale Arbeidsorganisatie in het begin van de 20e eeuw. De totstandkoming van de Universele Verklaring van de Rechten van de Mens door de Verenigde Naties is een andere mijlpaal. Dit werd vervolgd met de continue ontwikkeling van normen die relevant zijn voor vele deelgebieden van maatschappelijk verantwoord ondernemen. De OESO draagt op belangrijke wijze bij aan dit proces door de ontwikkeling van normen in relatie tot bijvoorbeeld het milieu, de bestrijding van corruptie, consumentenbelangen, ondernemingsbestuur, wetenschap, technologie en innovatie, en belastingen.

10. De *Richtlijnen* blijven het belangrijkste internationale instrument over maatschappelijk verantwoord ondernemen. De Onderschrijvende landen van de Richtlijnen verbinden zich ertoe met elkaar en met andere regeringen samen te werken om de uitvoering ervan te bevorderen in samenwerking met de vele ondernemingen, vakbonden en andere niet-gouvernementele organisaties die op hun manier hetzelfde einddoel nastreven.

I. Begrippen en uitgangspunten

1. De *Richtlijnen* zijn aanbevelingen die door de regeringen gezamenlijk worden gedaan aan multinationale ondernemingen. Ze bevatten beginselen en normen voor goede praktijken, in overeenstemming met de van toepassing zijnde wetgeving en internationaal erkende normen. Inachtneming van de *Richtlijnen* door ondernemingen is vrijwillig en niet rechtens afdwingbaar. Dat neemt niet weg dat sommige onderwerpen die beslaan worden door de *Richtlijnen* ook gereguleerd kunnen worden door nationale wetgeving of internationale verplichtingen.
2. Naleving van nationale wetgeving is de eerste verplichting van ondernemingen. De *Richtlijnen* zijn noch een substituut voor nationale wetgeving, noch kunnen zij gezien worden als de nationale wetgeving en normen terzijde stellend. Het feit dat overheden zich niet houden aan de beginselen en normen die in overeenstemming zijn met de *Richtlijnen* of de daarmee verband houdende internationale verbintenissen, doet niet af aan de verwachting dat ondernemingen de *Richtlijnen* naleven. Hoewel de *Richtlijnen* op veel gebieden verder gaan dan de wet, dienen zij niet en zijn zij niet bedoeld om ondernemingen in situaties te doen belanden waarin zij met tegenstrijdige verplichtingen worden geconfronteerd. Echter, in landen waarin nationale wetgeving en normen conflicteren met de principes en normen van de *Richtlijnen* moeten ondernemingen manieren zien te vinden om deze principes en normen volledig in acht te nemen zonder in strijd met nationale wetgeving te handelen.
3. Aangezien multinationale ondernemingen over de hele wereld actief zijn, behoort internationale samenwerking op dit gebied zich tot alle landen uit te strekken. De Onderschrijvende landen van de *Richtlijnen* moedigen ondernemingen die op hun grondgebied werkzaam zijn aan om de *Richtlijnen* na te leven overal waar zij actief zijn, met inachtneming van de bijzondere omstandigheden in elk gastland.
4. Een nauwkeurige definitie van het begrip multinationale ondernemingen is in het kader van de *Richtlijnen* niet noodzakelijk. Hoewel de *Richtlijnen* een brede aanpak mogelijk maken om te bepalen welke entiteiten voor de toepassing van de *Richtlijnen* als multinationale ondernemingen kunnen worden beschouwd, zijn de internationale aard van de structuur of activiteiten van een onderneming en de commerciële vorm, het doel of de activiteiten daarvan de belangrijkste factoren waarmee in dit verband rekening moet worden gehouden. Zulke ondernemingen zijn actief in alle sectoren van de economie. In het algemeen zijn het ondernemingen of andere entiteiten die in meerdere landen gevestigd zijn en zodanig met elkaar verbonden zijn dat ze hun activiteiten op verschillende manieren met elkaar kunnen afstemmen. Hoewel een of meer van deze entiteiten een belangrijke invloed op de activiteiten van de andere kan uitoefenen, kan de mate van autonomie binnen de onderneming van de ene multinationale onderneming tot de andere sterk variëren. De onderneming kan particulier eigendom, staatseigendom of een mengvorm daarvan zijn. De *Richtlijnen* zijn bedoeld voor alle onderdelen van multinationale ondernemingen (moedermaatschappij en/of lokale vestigingen). In overeenstemming met de feitelijke verdeling van de verantwoordelijkheden worden de verschillende bedrijfsonderdelen geacht samen te werken en elkaar te helpen om de inachtneming van de *Richtlijnen* te bevorderen.
5. De *Richtlijnen* hebben niet tot doel verschillen in behandeling tussen multinationale en nationale ondernemingen in het leven te roepen: zij beschrijven goede praktijken voor alle ondernemingen.

Dit betekent dus dat van multinationale en nationale bedrijven hetzelfde gedrag wordt verwacht in alle situaties waarin de *Richtlijnen* voor beide relevant zijn.

6. Regeringen willen een zo breed mogelijke inachtneming van de *Richtlijnen* bevorderen. Hoewel erkend wordt dat het midden- en kleinbedrijf niet over dezelfde mogelijkheden beschikt als grotere ondernemingen, willen de Onderschrijvende landen van de *Richtlijnen* hen desondanks aanmoedigen zich zo goed mogelijk aan de aanbevelingen uit de *Richtlijnen* te houden.
7. De Onderschrijvende landen van de *Richtlijnen* mogen deze niet gebruiken voor protectionistische doeleinden, noch op een zodanige wijze gebruiken die het comparatieve voordeel van een land waarin multinationale ondernemingen investeren aantast.
8. Regeringen hebben het recht voorwaarden te stellen waaronder multinationale ondernemingen in hun land mogen werken, behoudens met inachtneming van het internationale recht. De onderdelen van een multinationale onderneming die in verschillende landen gevestigd zijn, zijn onderworpen aan de wetten die in het desbetreffende land van toepassing zijn. Wanneer multinationale ondernemingen worden geconfronteerd met tegenstrijdige verplichtingen van landen die de *Richtlijnen* onderschrijven of van derde landen, worden de desbetreffende regeringen aangemoedigd te goeder trouw samen te werken om de problemen die daaruit kunnen voortvloeien, op te lossen.
9. De Onderschrijvende landen van de *Richtlijnen* zeggen daarbij toe dat zij hun verantwoordelijkheid zullen nakomen om ondernemingen rechtvaardig en in overeenstemming met het internationale recht en hun contractuele verplichtingen te behandelen.
10. Het gebruik van passende, internationale mechanismen voor de beslechting van geschillen, met inbegrip van arbitrage, wordt aangemoedigd als middel voor de oplossing van juridische problemen die kunnen ontstaan tussen ondernemingen en de regeringen van gastlanden.
11. De Onderschrijvende landen van de *Richtlijnen* zullen hen in praktijk brengen en de toepassing ervan bevorderen. Zij roepen Nationale Contactpunten voor maatschappelijk verantwoord ondernemen in het leven die de bekendheid van de *Richtlijnen* moeten vergroten en als discussieforum dienen voor alle kwesties die de *Richtlijnen* betreffen. Bovendien nemen zij deel aan passende evaluatie- en adviesprocedures ten behoeve van kwesties die verband houden met de interpretatie en uitvoering van de *Richtlijnen* en om hun blijvende relevantie in een veranderende wereld te behouden.

II. Algemene beginselen

Ondernemingen dienen volledig rekening te houden met het bestaande beleid in landen waarin ze werkzaam zijn, en dienen de standpunten van andere belanghebbenden in aanmerking te nemen. In dit verband:

A. Behoren ondernemingen:

1. Bij te dragen aan de economische, ecologische en sociale vooruitgang met het oog op het realiseren van duurzame ontwikkeling.
2. De internationaal erkende mensenrechten van degenen die gevolgen van hun activiteiten ondervinden te respecteren.
3. De opbouw van lokale capaciteit te bevorderen door nauwe samenwerking met de plaatselijke gemeenschap, met inbegrip van bedrijfsbelangen, alsmede door als onderneming activiteiten op de binnenlandse en buitenlandse markten te ontplooien, in overeenstemming met de noodzaak van goede handelspraktijken.
4. De ontwikkeling van menselijk kapitaal te bevorderen, in het bijzonder door het scheppen van werkgelegenheid en het bieden van scholingsmogelijkheden voor werknemers.
5. Te zorgen voor transparantie en integriteit bij lobbyactiviteiten en af te zien van het aanvragen of aanvaarden van vrijstellingen die niet zijn opgenomen in het wettelijke of regelgevingskader met betrekking tot mensenrechten, milieu, gezondheid, veiligheid, arbeid, belastingen, financiële stimulansen of andere kwesties.
6. Goede beginselen voor ondernemingsbestuur te ondersteunen en te handhaven, en een goede praktijk van ondernemingsbestuur te ontwikkelen en toe te passen, ook binnen ondernemingsgroepen.
7. Doelmatige zelfreguleringsmechanismen en beheerssystemen te ontwikkelen en toe te passen die een relatie van wederzijds vertrouwen bevorderen tussen ondernemingen en de samenlevingen waarin zij actief zijn.
8. De kennis en naleving van het ondernemingsbeleid onder werknemers die te werk gesteld zijn door multinationale ondernemingen te bevorderen door dit beleid op een passende manier bekend te maken, mede door middel van trainingsprogramma's.
9. Zich te onthouden van discriminerende of disciplinaire maatregelen of anderszins overgaan tot represailles tegen werknemers, vakbondsvertegenwoordigers of andere werknemersvertegenwoordigers die het management of, indien van toepassing, de bevoegde autoriteiten te goeder trouw op de hoogte stellen van praktijken die in strijd zijn met de wet, de *Richtlijnen* of het ondernemingsbeleid.
10. Zich te onthouden van en stappen te ondernemen om het gebruik te voorkomen van represailles, ook door entiteiten waarmee de onderneming een zakelijke relatie heeft, tegen personen of groepen die feitelijke of potentiële negatieve gevolgen in verband met de activiteiten, producten of diensten van de onderneming (willen) onderzoeken of daar bezorgdheid over uiten. Dit houdt onder meer in dat een omgeving wordt bevorderd waarin individuen en groepen zich veilig voelen om hun bezorgdheid te uiten en, in voorkomend geval, bij te dragen tot het verhelpen van negatieve gevolgen van represailles wanneer deze zich voordoen.

11. Op identificatie van risico's gebaseerde gepaste zorgvuldigheid uit te voeren, bijvoorbeeld door dit in hun managementsystemen voor bedrijfsrisico's op te nemen, om daadwerkelijke en potentiële negatieve gevolgen zoals beschreven in paragraaf 12 en 13 te identificeren, te voorkomen en te verminderen, en rekenschap te geven over hoe zij deze gevolgen aanpakken. De aard en reikwijdte van gepaste zorgvuldigheid hangen af van de omstandigheden van een specifieke situatie.
12. Te voorkomen dat zij met hun eigen activiteiten negatieve gevolgen voor zaken die aan de orde komen in de *Richtlijnen* veroorzaken of daartoe bijdragen, en zulke gevolgen aanpakken wanneer zij zich voordoen, onder meer door te voorzien in of samen te werken bij het verhelpen van negatieve gevolgen.
13. Een negatief gevolg trachten te voorkomen of verminderen wanneer zij niet hebben bijgedragen aan dat gevolg, maar waar dat gevolg toch direct verbonden is aan hun activiteiten, producten of diensten via een zakelijke relatie. Dit is niet bedoeld om de verantwoordelijkheid van de entiteit die het negatieve gevolg veroorzaakt te verschuiven naar de onderneming waarmee het een zakelijke relatie heeft.
14. Naast het aanpakken van negatieve gevolgen in relatie tot de onderwerpen die in de *Richtlijnen* aan de orde komen, entiteiten waarmee een onderneming een zakelijke relatie heeft waar mogelijk, aan te moedigen om principes van verantwoord ondernemen toe te passen die verenigbaar zijn met de *Richtlijnen*.
15. In betekenisvolle dialoog te treden met relevante belanghebbenden of hun wettelijke vertegenwoordigers als onderdeel van de uitvoering van gepaste zorgvuldigheid en zodat mogelijkheden geboden kunnen worden om hun inzichten in overweging te nemen bij activiteiten die significante effecten kunnen hebben op zaken die onder de *Richtlijnen* vallen.
16. Zich te onthouden van ongepaste inmenging in politieke aangelegenheden.

B. Worden ondernemingen gestimuleerd:

1. Waar passend, deel te nemen aan private of multi-stakeholder initiatieven en de dialoog met de sociale partners over maatschappelijk verantwoord ondernemen of deze te steunen, daarbij zeker stellend dat deze initiatieven afdoende rekening houden met de sociale en economische effecten op ontwikkelende economieën en met bestaande, internationaal erkende normen.

Toelichting op hoofdstuk II: Algemene beginselen

1. Het hoofdstuk Algemene Beginselen van de *Richtlijnen* is het eerste dat specifieke aanbevelingen aan ondernemingen bevat. Als zodanig is het belangrijk omdat het de toon zet en gemeenschappelijke basisprincipes voor de specifieke aanbevelingen in de volgende hoofdstukken neerlegt.

2. Ondernemingen worden aangemoedigd met de overheid samen te werken aan de ontwikkeling en implementatie van beleid en regelgeving. Dit proces kan worden verrijkt door rekening te houden met de opvattingen van andere belanghebbenden in de samenleving, zoals de plaatselijke bevolking en degenen die nadeel ondervinden of kunnen ondervinden van hun activiteiten en het bedrijfsbelangen. Ook wordt erkend dat de overheid in haar contacten met bedrijven transparantie moet betrachten en met het bedrijfsleven over deze kwesties moet overleggen. Ondernemingen, sociale partners en andere belanghebbenden zoals maatschappelijke organisaties en vakbonden moeten worden beschouwd als partners van de overheid bij de ontwikkeling en toepassing van zowel vrijwillige als bindende instrumenten (waarvan de *Richtlijnen* één onderdeel vormen) op beleidsterreinen die hen aangaan.

3. De activiteiten van multinationale ondernemingen mogen niet in tegenspraak zijn met duurzame ontwikkeling, en de *Richtlijnen* zijn bedoeld om complementariteit in deze te bevorderen. Vooruitgang op

zowel economisch, sociaal als milieu gebied is immers één van de belangrijkste middelen om duurzame ontwikkeling1 te bevorderen.[4]

4. Hoofdstuk IV gaat verder in op de algemene aanbeveling over mensenrechten in paragraaf A2.

5. De *Richtlijnen* erkennen en stimuleren bovendien de bijdrage die multinationale ondernemingen door hun activiteiten in plaatselijke gemeenschappen aan de opbouw van lokale capaciteit kunnen leveren. Ook de aanbeveling over de vorming van menselijk kapitaal is een expliciete, toekomstgerichte erkenning van de bijdrage die multinationale ondernemingen aan de individuele ontplooiing van hun werknemers kunnen leveren, en heeft niet alleen betrekking op werving, maar ook op scholings- en andere ontwikkelingsmogelijkheden. De ontwikkeling van menselijk kapitaal veronderstelt ook dat er niet wordt gediscrimineerd bij de werving, evenmin op het vlak van promotiekansen, levenslange scholing en andere opleidingsmogelijkheden tijdens het werk.

6. Ondernemingen nemen vrij deel aan het openbare debat. Wanneer ondernemingen zich inzetten voor publieke belangenbehartiging, moeten zij terdege rekening houden met de *Recommendation on Principles for Transparency and Integrity in Lobbying* [OECD/LEGAL/0379] (*Aanbeveling betreffende de beginselen voor transparantie en integriteit bij lobbying*) en ervoor zorgen dat hun lobbyactiviteiten stroken met hun toezeggingen en doelstellingen met betrekking tot aangelegenheden die onder de *Richtlijnen* vallen. Regeringen zijn verantwoordelijk voor het opzetten van een kader voor publieke integriteit dat is aangepast aan de risico's die verbonden zijn aan lobbyactiviteiten van overheidsfunctionarissen. De *Richtlijnen* adviseren ondernemingen om, in het algemeen, niet te proberen uitzonderingen te bedingen die niet voorkomen in de wettelijke regelingen omtrent zaken als mensenrechten, milieu, gezondheid, veiligheid, arbeid, belastingen en financiële stimulansen, zonder hiermee afbreuk te willen doen aan het recht van ondernemingen wijzigingen in de wet- en regelgeving na te streven. De woorden "of aanvaarden" vestigen ook de aandacht op de rol van de staat die deze uitzonderingen aanbiedt. Hoewel een bepaling als deze doorgaans gericht is tot de regeringen is deze ook rechtstreeks van belang voor multinationale ondernemingen. Belangrijk is echter voor ogen te houden dat er gevallen zijn, waarin specifieke uitzonderingen op wetten of ander beleid om gegronde redenen van openbaar belang, verenigbaar met deze wetten kunnen zijn. Voorbeelden hiervan worden gegeven in de hoofdstukken over Milieu en Mededinging.

7. De *Richtlijnen* bevelen ondernemingen aan degelijke bestuurspraktijken toe te passen op basis van de *G20/OESO Principes voor Corporate Governance* [OECD/LEGAL/0413]. De Principes roepen op tot bescherming en ondersteuning van het uitoefenen van aandeelhoudersrechten, waaronder billijke behandeling van aandeelhouders. Ondernemingen dienen de rechten van belanghebbenden zoals vastgelegd in de wet of via wederzijdse overeenkomsten te respecteren en actieve samenwerking met belanghebbenden te bevorderen bij het creëren van welvaart, banen en duurzame en veerkrachtige ondernemingen.

8. De Principes roepen bestuursraden van moederbedrijven op de strategische aansturing van de onderneming, effectief toezicht op het management en verantwoording aan de onderneming en de aandeelhouders te waarborgen, daarbij rekening houdend met de belangen van belanghebbenden. In het vervullen van deze verantwoordelijkheden dient de raad de integriteit van de systemen voor boekhouding en financiële verslaglegging, inclusief onafhankelijke controle, gepaste controlemechanismen, in het bijzonder risicobeheersing en financiële en operationele controle, en naleving van de wet en relevante normen te waarborgen.

---

[4] Een van de meest gebruikte definities van duurzame ontwikkeling is die van de Wereldcommissie voor Milieu en Ontwikkeling (Commissie Brundtland) van 1987: "Een ontwikkeling die tegemoet komt aan de behoeften van het heden zonder de mogelijkheid van toekomstige generaties om in hun behoeften te voorzien, in gevaar te brengen." Mondiale doelstellingen om de armoede wereldwijd uit te bannen, de planeet te beschermen en ervoor te zorgen dat alle mensen vrede en welvaart genieten, vormen in dit verband een belangrijk referentiepunt.

9. De Principes gelden ook voor beursgenoteerde ondernemingen binnen ondernemingsgroepen, hoewel bestuursraden van dochterondernemingen verplichtingen kunnen hebben op basis van de wet van het land waarin zij gevestigd zijn. Systemen voor naleving en controle dienen waar mogelijk ook gebruikt te worden bij deze dochterondernemingen. Voorts omvat het toezicht van de raad op de bestuurspraktijk doorlopende evaluatie van interne structuren opdat de verantwoordelijkheden binnen de ondernemingsgroep duidelijk worden afgelijnd.

10. Voor multinationale staatsbedrijven gelden dezelfde aanbevelingen als voor particuliere ondernemingen, maar publiek toezicht is dikwijls groter wanneer een staat eigenaar is. De *OESO-richtlijnen voor Corporate Governance voor Staatsbedrijven* vormen een nuttige en specifieke handleiding voor deze ondernemingen en de aanbevelingen in deze richtlijnen zouden het bestuur aanzienlijk kunnen verbeteren.

11. Hoewel de verantwoordelijkheid voor verbetering van het wettelijke en institutionele kader allereerst bij de overheid ligt, loont het sterk voor ondernemingen goede bestuurspraktijken toe te passen.

12. Er komen steeds meer niet door de overheid voorgeschreven, zelfregulerende instrumenten en initiatieven die verband houden met allerlei aspecten van het ondernemingsgedrag en de relatie tussen bedrijfsleven en samenleving. Interessante ontwikkelingen doen zich wat dat betreft voor in de financiële sector. Ondernemingen erkennen dat hun activiteiten vaak gevolgen voor samenleving en milieu hebben. Dit blijkt bijvoorbeeld uit de invoering van zelfreguleringspraktijken en managementsystemen en deelname aan aanverwante multi-stakeholder initiatieven door ondernemingen die gevoelig zijn voor het bereiken van deze doelstellingen - en daarmee bijdragen aan duurzame ontwikkeling. Zelfreguleringspraktijken en multi-stakeholder initiatieven moeten geloofwaardig en transparant zijn. Wanneer dergelijke initiatieven gericht zijn op gepaste zorgvuldigheid voor maatschappelijk verantwoord ondernemen, kan afstemming op relevante internationale normen zoals de *Richtlijnen* de doeltreffendheid vergroten en tegelijkertijd de complexiteit en de kosten voor ondernemingen die bij dergelijke initiatieven betrokken zijn te verminderen. Dergelijke maatregelen zijn op hun beurt weer bevorderlijk voor een constructieve relatie tussen ondernemingen en de samenlevingen waarin zij werken. Hoewel ondernemingen kunnen samenwerken op een sectoraal of multi-stakeholder niveau, blijven zij individueel verantwoordelijk voor de doeltreffende uitvoering van gepaste zorgvuldigheid.

13. Effectieve zelfreguleringsmechanismen veronderstellen uiteraard dat ondernemingen de kennis en naleving van het ondernemingsbeleid onder hun werknemers bevorderen. Waarborgen voor de bescherming van werknemers die te goeder trouw "de klokken luiden" worden eveneens aanbevolen, onder meer voor werknemers die, wanneer tijdige herstelmaatregelen uitblijven of er een gerede kans op nadelige gevolgen voor hun baan ontstaat, praktijken die strijdig zijn met de wet aan de bevoegde autoriteiten melden. Deze bescherming is met name van belang voor programma's voor interne controle, ethiek en compliance in verband met corruptiebestrijding, zoals besproken in hoofdstuk VII, en milieu-initiatieven, maar is ook relevant ten aanzien van andere aanbevelingen in de *Richtlijnen*.

14. Ondernemingen moeten maatregelen nemen om een ruimte te creëren waarin zorgen over negatieve gevolgen die verband houden met hun activiteiten of de activiteiten van entiteiten waarmee zij een zakelijke relatie hebben, veilig kunnen worden geuit. Het afzien van represailles en het nemen van maatregelen om het gebruik van represailles te voorkomen, zijn belangrijk voor de bescherming van de ruimte voor het maatschappelijk middenveld en voor het voorkomen van schade aan groepen en personen die dergelijke zorgen proberen te onderzoeken, uiten of melden. Represailles omvatten vergeldings- of discriminerende acties die bedoeld zijn om critici te censureren, te intimideren, te schaden of het zwijgen op te leggen, zoals bedreigingen, reputatieschade, laster, pesterijen, intimidatie, surveillance, strategische rechtszaken tegen publieke participatie, pogingen om legale activiteiten strafbaar te stellen, fysieke aanvallen en moorden.

15. In het kader van de *Richtlijnen* wordt onder gepaste zorgvuldigheid een proces verstaan waarmee ondernemingen daadwerkelijke en potentiële negatieve gevolgen kunnen identificeren, voorkomen en

verminderen, en waarmee zij verantwoording kunnen afleggen over hun aanpak van die gevolgen als integraal onderdeel van hun besluitvormingsproces en risicobeheerssystemen. De OESO Due Diligence Handreiking voor Maatschappelijk Verantwoord Ondernemen en de OESO due diligence-handreikingen per sector helpen ondernemingen de gepaste zorgvuldigheidsaanbeveling van de *Richtlijnen* te begrijpen en uit te voeren. Tevens wordt hiermee gestreefd naar het bevorderen van gemeenschappelijk begrip onder regeringen en belanghebbenden over op risico gebaseerde gepaste zorgvuldigheid voor verantwoord ondernemen. Daartoe wordt in de OESO Due Diligence Handreiking voor Maatschappelijk Verantwoord Ondernemen een gepaste zorgvuldigheidskader vastgesteld dat regeringen hebben toegezegd actief te zullen ondersteunen en monitoren. De Handreiking bevat de volgende stappen: 1. maatschappelijk verantwoord ondernemerschap integreren in beleid en managementsystemen; 2. het identificeren en beoordelen van feitelijke en potentiële negatieve gevolgen die verband houden met de activiteiten, producten of diensten van de onderneming; 3. het beëindigen, voorkomen en beperken van negatieve gevolgen; 4. het volgen van de uitvoering en de resultaten; 5. communiceren hoe de gevolgen worden aangepakt; en 6. voorzien in of samenwerken op het gebied van herstel, indien van toepassing. Ook worden praktische maatregelen voorgesteld om deze stappen uit te voeren. Niet alle praktische maatregelen die in de gepaste zorgvuldigheid handreiking worden genoemd, zullen voor elke situatie geschikt zijn.

16. Gepaste zorgvuldigheid kan opgenomen worden in de bredere risicobeheerssystemen van ondernemingen, mits het verder reikt dan het enkel in kaart brengen en beheersen van materiële risico's voor de onderneming zelf door ook de risico's op negatieve gevolgen op zaken die in de *Richtlijnen* aan de orde komen mee te nemen. Potentiële gevolgen dienen aangepakt te worden via preventie of vermindering; daadwerkelijke negatieve gevolgen via herstelmaatregelen. De *Richtlijnen* betreffen negatieve gevolgen die veroorzaakt worden door de onderneming, waaraan deze bijdraagt, of waarmee het direct verbonden is door haar activiteiten, producten of diensten via een zakelijke relatie, zoals omschreven in paragraaf A.12 en A.13. Gepaste zorgvuldigheid kan ondernemingen helpen risico's op dergelijke gevolgen te voorkomen. In het kader van deze aanbeveling dient 'bijdragen aan' een negatief gevolg geïnterpreteerd te worden als een substantiële bijdrage, zoals een handeling die een negatief gevolg door een andere entiteit veroorzaakt of dat faciliteert, of die entiteit daar toe aanzet, en niet een minimale of onbeduidende bijdrage. De relatie van een onderneming met negatieve gevolgen is niet statisch. Deze kan veranderen, bijvoorbeeld naarmate de situatie wijzigt en afhankelijk van de mate waarin gepaste zorgvuldigheid en de maatregelen die zijn genomen om vastgestelde risico's en gevolgen aan te pakken, het risico op het optreden van de gevolgen verkleinen.

17. De term 'zakelijke relatie' behelst relaties met zakenpartners, onderaannemers, franchisenemers, ondernemingen waarin wordt belegd, klanten en joint venturepartners, entiteiten in de toeleveringsketen die producten of diensten leveren die bijdragen aan de eigen activiteiten, producten of diensten van de onderneming of die producten of diensten van de onderneming ontvangen, in licentie geven, kopen of gebruiken en met andere statelijke en non-statelijke entiteiten die direct zijn verbonden aan de activiteiten, producten of diensten van de onderneming. Relaties met individuele consumenten, zijnde natuurlijke personen die handelen voor doeleinden die geen verband houden met een zakelijke, commerciële of overheidsactiviteit, worden in het algemeen niet beschouwd als 'zakelijke relaties' in de zin van de *Richtlijnen*, hoewel een onderneming kan bijdragen aan door hen veroorzaakte negatieve gevolgen. Zakelijke relaties omvatten relaties die verder gaan dan contractuele, 'eerste schakel' of directe relaties. Entiteiten waarmee een onderneming een zakelijke relatie heeft, kunnen al dan niet actief zijn in of vanuit Onderschrijvende landen. Het vermogen van een onderneming om feitelijke en potentiële negatieve gevolgen zoals beschreven in paragraaf A.11 vast te stellen, te voorkomen en te verminderen, kan variëren naargelang van de verschillende soorten zakelijke relaties, alsook als gevolg van andere factoren, waaronder zoals beschreven in toelichtingsparagraaf 24.

18. De aanbeveling in paragraaf A.11 is van toepassing op de aangelegenheden die onder de *Richtlijnen* vallen en verband houden met negatieve gevolgen die gerelateerd zijn aan de activiteiten,

producten en diensten van een onderneming. De aanbeveling in paragraaf A.11 is niet van toepassing op de hoofdstukken over mededinging en belastingen. In de *Richtlijnen* moeten aanbevelingen met betrekking tot gepaste zorgvuldigheid worden gelezen in overeenstemming met de paragrafen A.11-13 en de bijbehorende toelichting.

19. De aard en omvang van gepaste zorgvuldigheid, zoals de specifieke te ondernemen stappen die gepast zijn in een bepaalde situatie zijn afhankelijk van factoren zoals de context waarin de onderneming opereert, de specifieke aanbevelingen in de *Richtlijnen*, en moeten in verhouding staan tot de omvang van de onderneming, haar betrokkenheid met een negatief gevolg en de ernst van de negatieve gevolgen. In dit verband moeten de maatregelen die een onderneming neemt om gepaste zorgvuldigheid te betrachten, op risico gebaseerd zijn, in verhouding staan tot de ernst en waarschijnlijkheid van de negatieve gevolgen en passend zijn en in verhouding staan tot haar context. Wanneer het niet haalbaar is alle vastgestelde gevolgen in één keer aan te pakken, moet een onderneming prioriteit geven aan de volgorde waarin zij actie onderneemt op basis van de ernst en waarschijnlijkheid van de negatieve gevolgen.

20. In de *Richtlijnen* wordt erkend dat het voor de meeste ondernemingen mogelijk niet haalbaar is om alle individuele entiteiten waarmee zij een zakelijke relatie hebben, te beoordelen of met hen samen te werken. Indien ondernemingen grote aantallen toeleveranciers en andere zakelijke relaties hebben, worden zij aangemoedigd om te onderzoeken op welke gebieden in het algemeen het risico op negatieve gevolgen het hoogst is en, afgaande op deze risico-evaluatie, deze gebieden te prioriteren voor het gepaste zorgvuldigheidsproces in overeenstemming met de maatregelen die zijn uiteengezet in toelichtingsparagraaf 19. Op risico gebaseerde gepaste zorgvuldigheid met betrekking tot producten of diensten van een onderneming moet rekening houden met bekende of redelijkerwijs te voorziene omstandigheden die verband houden met het gebruik van het product of de dienst overeenkomstig het beoogde doel, of omstandigheden van redelijkerwijs voorzienbaar oneigenlijk gebruik of misbruik, die aanleiding kunnen zijn voor negatieve gevolgen. De desbetreffende hoofdstukken bevatten specifieke aanbevelingen voor gepaste zorgvuldigheid met betrekking tot specifieke kwesties.

21. Wanneer een onderneming een negatief gevolg veroorzaakt of kan veroorzaken behoort zij de noodzakelijke stappen te ondernemen om dat gevolg te stoppen of te voorkomen.

22. Indien een onderneming bijdraagt of kan bijdragen aan een negatief gevolg, behoort zij de noodzakelijke stappen te ondernemen om die bijdrage te stoppen of te voorkomen en haar invloed aan te wenden om zo goed mogelijk het resterende negatieve gevolg te verminderen. Dergelijke invloed wordt geacht te bestaan indien het in het vermogen van de onderneming ligt om verandering te bewerkstelligen in de oneigenlijke praktijken van de entiteit die de schade aanricht.

23. De *Richtlijnen* erkennen dat de verantwoordelijkheid niet mag worden verschoven van een entiteit die een negatief gevolg veroorzaakt naar onderneming waarmee zij een zakenrelatie heeft. Wanneer een onderneming rechtstreeks verband houdt met een negatief gevolg via een zakelijke relatie, maar dit niet veroorzaakt of daartoe bijdraagt, is zij niet verantwoordelijk voor het voorzien in herstel, hoewel zij daarbij wel een rol kan spelen, maar veeleer voor het inzetten van invloed, alleen of in samenwerking met andere entiteiten, om de entiteit die de negatieve gevolgen veroorzaakt, te beïnvloeden om die gevolgen te voorkomen, te beperken of te verhelpen. Wanneer een onderneming onvoldoende invloed heeft, moet zij nagaan hoe haar invloed kan worden vergroot. Ondernemingen kunnen invloed op een aantal manieren gebruiken of vergroten ter beïnvloeding van entiteiten waarmee zij zakenrelaties onderhouden, bijvoorbeeld door middel van ondersteuning, opleiding en capaciteitsopbouw; inzet om hen aan te sporen gevolgen te voorkomen en/of te beperken; het opnemen van verwachtingen met betrekking tot maatschappelijk verantwoord ondernemen en gepaste zorgvuldigheidin commerciële contracten zoals managementcontracten, prekwalificatievereisten voor potentiële leveranciers, voting trusts en licentie- of franchiseovereenkomsten; het koppelen van bedrijfsprikkels aan prestaties op het gebied van maatschappelijk verantwoord ondernemen, overleg met regelgevers en beleidsmakers over verantwoorde bedrijfsvoering; communiceren over de mogelijkheid van verantwoorde terugtrekking als de verwachtingen

omtrent maatschappelijk verantwoord ondernemen niet in acht worden genomen, samenwerken met andere ondernemingen (op sectoraal, risico- of landenniveau) om de invloed te bundelen en gemeenschappelijke normen voor verantwoord ondernemen toe te passen. Andere factoren die relevant zijn voor het bepalen van de passende respons op de vastgestelde risico's zijn onder meer de ernst en waarschijnlijkheid van negatieve gevolgen en de mate waarin die leverancier voor de onderneming van cruciaal belang is.

24. De *Richtlijnen* erkennen dat er praktische beperkingen verbonden zijn aan de mate van invloed die ondernemingen hebben of kunnen opbouwen om het gedrag van entiteiten waarmee zij zakelijke relaties hebben te veranderen. Deze hebben betrekking op de product- en/of dienstkenmerken, het aantal leveranciers of andere zakenpartners, de samenstelling en complexiteit van de productieketen, of de aard van de desbetreffende zakelijke relatie of het desbetreffende negatieve gevolg. Zo kunnen ondernemingen in sommige situaties, zodra een dienst is verleend of een product wordt verkocht of doorverkocht, minder goed in staat zijn om hun effecten te monitoren of hun invloed uit te oefenen of op te bouwen. In dergelijke situaties kan het bijzonder belangrijk zijn om vóór en tijdens de verkoop inspanningen te leveren om feitelijke en potentiële gevolgen vast te stellen en preventieve of mitigerende maatregelen te nemen.

25. Gepaste reacties van ondernemingen met betrekking tot een zakelijke relatie kunnen omvatten: voortzetting van de relatie gedurende de inspanningen om risico's te verminderen; tijdelijke opschorting van een relatie gedurende de inspanningen tot vermindering van de risico's; of, als laatste toevlucht, stopzetting van de relatie nadat pogingen tot risicovermindering hebben gefaald, als de onderneming risicovermindering niet haalbaar acht, of vanwege de ernst van het negatieve gevolg. Wanneer het voor ondernemingen mogelijk is de relatie voort te zetten en een realistisch vooruitzicht op of daadwerkelijke verbetering in de loop van de tijd aan te tonen, verdient een dergelijke aanpak vaak de voorkeur boven stopzetting. In haar besluit tot beëindiging van een relatie dient een onderneming mogelijke negatieve sociale, milieu- en economisch gevolgen van die stopzetting mede in overweging te nemen. Wanneer ondernemingen besluiten tot beëindigingmoeten zij dit op verantwoorde wijze doen, onder meer door tijdig en waar mogelijk te streven naar zinvol overleg met relevante belanghebbenden en door redelijke en passende maatregelen te nemen om negatieve gevolgen in verband met hun terugtrekking te voorkomen of te beperken.

26. Ondernemingen kunnen ook samen met leveranciers en andere entiteiten waarmee zij zakelijke relaties onderhouden optrekken, in samenwerking met andere belanghebbenden, ter verbetering van hun prestaties, bijvoorbeeld door training van personeel en andere vormen van capaciteitsopbouw, en zodoende de integratie van principes van maatschappelijk verantwoord ondernemen in hun activiteiten te ondersteunen in overeenstemming met de *Richtlijnen*. Het spreken met en ondersteunen van kleine en middelgrote ondernemingen waarmee zij zakelijke relaties onderhouden, is in dit verband van bijzonder belang. In de situatie waarin entiteiten waarmee een onderneming een zakelijke relatie heeft mogelijk blootgesteld worden aan tegenstrijdige verplichtingen, bijvoorbeeld van diverse afnemers of dienstverleners, worden ondernemingen aangemoedigd, goed rekening houdend met zorgen op het gebied van mededinging, te participeren in sectorbrede, gezamenlijke pogingen met andere ondernemingen om gepaste zorgvuldigheidsbeleid en risicobeheersystemen te coördineren, onder meer door het delen van informatie.

27. Ondernemingen worden ook aangemoedigd om deel te nemen aan private of multi-stakeholder initiatieven en de sociale dialoog over maatschappelijk verantwoord ondernemen, zoals die ondernomen worden overeenkomstig het *Besluit van de OESO Raad aangaande de OESO-richtlijnen voor Multinationale Ondernemingen* en de bijgevoegde Procedures.

28. Zinvolle betrokkenheid van belanghebbenden is een essentieel onderdeel van het gepaste zorgvuldigheidsproces. In sommige gevallen kan de betrokkenheid van belanghebbenden op zichzelf ook een recht zijn. Het betrekken van belanghebbenden omvat interactieve processen voor het betrekken van relevante belanghebbenden via, bijvoorbeeld, bijeenkomsten, hoorzittingen of klankbordprocedures.

Relevante belanghebbenden zijn personen of groepen, of hun legitieme vertegenwoordigers, die rechten of belangen hebben met betrekking tot de onder de *Richtlijnen* vallende aangelegenheden die worden of kunnen worden beïnvloed door negatieve gevolgen die verband houden met de activiteiten, producten of diensten van de onderneming. Ondernemingen kunnen prioriteit geven aan de meest getroffen of mogelijk getroffen belanghebbenden. De mate van impact op de belanghebbenden kan bepalend zijn voor de mate van betrokkenheid. Het effectief betrekken van belanghebbenden wordt gekenmerkt door hoor en wederhoor en wordt te goeder trouw gevoerd door deelnemers van beide kanten en speelt in op de standpunten van belanghebbenden. Om ervoor te zorgen dat de betrokkenheid van belanghebbenden zinvol en doeltreffend is, is het belangrijk ervoor te zorgen dat deze tijdig, toegankelijk, passend en veilig is voor belanghebbenden, en dat potentiële belemmeringen voor contacten met belanghebbenden in kwetsbare of marginaliseringssituaties in kaart worden gebracht en verwijderd. De OESO Due Diligence Handreiking voor Maatschappelijk Verantwoord Ondernemen en de OESO due diligence-handreikingen per sector omvatten praktische steun voor ondernemingen bij het uitvoeren van de betrokkenheid van belanghebbenden, onder meer als onderdeel van het gepaste zorgvuldigheidsproces van een onderneming. Dit soort betrokkenheid kan vooral behulpzaam zijn in de planning- en besluitvormingsprocessen met betrekking tot projecten of andere activiteiten op het gebied van, bijvoorbeeld, het intensieve gebruik van land of water, hetgeen een significant effect kan hebben op lokale gemeenschappen.

29. Tot slot dient te worden opgemerkt dat zelfregulering en andere initiatieven in die geest, zoals deze *Richtlijnen*, niet tot onrechtmatige beperking van de mededinging mogen leiden of beschouwd mogen worden als vervanging voor een effectieve regelgeving door de overheid. Het spreekt vanzelf dat multinationale ondernemingen bij de ontwikkeling van gedragscodes en zelfreguleringsmechanismen dienen te waken voor potentiële handel- of investeringen verstorende effecten.

III. Informatieverstrekking

1. Ondernemingen moeten rekening houden met het bestaande beleid inzake informatieverstrekking in de landen en sectoren waarin zij actief zijn, en rekening houden met de standpunten en informatievereisten van aandeelhouders en andere relevante belanghebbenden. Ondernemingen moeten regelmatig tijdige, betrouwbare, duidelijke, volledige, accurate en vergelijkbare informatie over alle materiële aangelegenheden openbaar maken. Deze informatie behoort voor de onderneming in zijn geheel te worden verstrekt alsmede, indien van toepassing, uitgesplitst naar activiteitensector of geografisch gebied. Het informatiebeleid van de onderneming moet zijn afgestemd op de aard, omvang en vestigingsplaats van de onderneming, waarbij rekening wordt gehouden met kosten, vertrouwelijkheid van bedrijfsgegevens en andere overwegingen betreffende de concurrentiepositie.

2. De informatieverstrekking door bedrijven dient zich uit te strekken, maar behoeft niet beperkt te blijven tot relevante informatie over:

a) de financiële resultaten en de bedrijfsresultaten van de onderneming;
b) de ondernemingsdoelstellingen en duurzaamheidsgerelateerde informatie;
c) kapitaalstructuren, groepsstructuren en hun zeggenschapsregelingen;
d) de belangrijkste aandeelhouders, met inbegrip van uiteindelijke begunstigden, en de verdeling van het stemrecht,
e) informatie over de samenstelling van de raad van bestuur en zijn leden, waaronder kwalificaties, selectieproces, andere bestuursfuncties in het bedrijfsleven en of elk lid door de raad als onafhankelijk wordt beschouwd;
f) het beloningsbeleid voor de leden van de raad van bestuur en de voornaamste bestuurders;
g) transacties met derden;
h) belangrijke, voorzienbare risicofactoren;
i) bestuursstructuur en –beleid van de onderneming, inclusief de mate waarin voldaan wordt aan nationale ondernemingsbestuur codes of beleid dienaangaande en het implementatieproces daarvan;
j) schuldbewijzen, met inbegrip van het risico van niet-naleving van de verplichtingen in de overeenkomsten.

3. Het is ook belangrijk dat ondernemingen informatie over maatschappelijk verantwoord ondernemen verstrekken, ook als onderdeel van hun verantwoordelijkheid om gepaste zorgvuldigheid te betrachten. Een deel van deze informatie kan ook van belang zijn in de zin van paragraaf 2. Informatie over maatschappelijk verantwoord ondernemen kan het volgende omvatten:

a) verklaringen omtrent hun waarden of gedragscodes die voor publieke openbaarmaking bedoeld zijn waaronder informatie over het beleid van de onderneming over maatschappelijk verantwoord ondernemen waarin de verbintenissen van de onderneming ten aanzien van de in de *Richtlijnen* vervatte beginselen en normen en haar plannen voor de uitvoering van gepaste zorgvuldigheid nader worden omschreven;
b) beleid en andere gedragscodes die de onderneming onderschrijft, de datum van onderschrijving en de landen en entiteiten waar zulke verklaringen op van toepassing zijn;

c) informatie over de maatregelen die zijn genomen om het beleid over maatschappelijk verantwoord ondernemen te integreren in de leidinggevende en toezichthoudende organen van de onderneming;

d) de door de onderneming vastgestelde gebieden met significante gevolgen of risico's, de negatieve gevolgen of risico's die zijn vastgesteld, geprioriteerd en beoordeeld, alsmede de criteria voor prioriteitstelling;

e) haar prestaties met betrekking tot de verklaringen in paragraaf 3, onder a), en de codes onder b), met inbegrip van de maatregelen die zijn genomen om de in paragraaf 3, onder c) en d), vastgestelde risico's of gevolgen te voorkomen of te beperken, met inbegrip van, waar mogelijk, geschatte tijdslijnen en maatstaven voor verbetering en de resultaten daarvan, met inbegrip van het door de onderneming verzorgen van of meewerken aan eventueel herstel;

f) informatie over interne audits, risicobeheer en systemen voor naleving van juridische bepalingen;

g) informatie over de relatie met werknemers en andere belanghebbenden;

h) aanvullende informatie overeenkomstig de in de hoofdstukken IV en VI vervatte aanbevelingen inzake informatieverstrekking over maatschappelijk verantwoord ondernemen.

4. Ondernemingen behoren informatie op te stellen en openbaar te maken in overeenstemming met internationaal erkende boekhoudings- en verslagleggingsnormen, en zich te onthouden van publicatie van ontoereikende of onduidelijke informatie. Een jaarlijkse externe controle moet worden uitgevoerd door een onafhankelijke, bekwame en gekwalificeerde auditor in overeenstemming met internationaal erkende normen op het gebied van controle, ethiek en onafhankelijkheid, teneinde de raad en de aandeelhouders redelijke zekerheid te bieden dat de financiële overzichten op alle materiële punten worden opgesteld overeenkomstig een toepasselijk kader voor financiële verslaglegging. Om de geloofwaardigheid van informatie over maatschappelijk verantwoord ondernemen te vergroten, kunnen ondernemingen een betrouwbaarheidsverklaring door een externe van dergelijke informatie laten opstellen.

Toelichting op hoofdstuk III: Informatieverstrekking

30. Dit hoofdstuk heeft tot doel bij te dragen aan meer transparantie en verantwoording rond de activiteiten van multinationale ondernemingen. Duidelijke en volledige informatie over de onderneming is belangrijk voor een groot aantal categorieën gebruikers, van aandeelhouders, potentiële investeerders, en de financiële wereld tot en met andere groepen zoals werknemers, plaatselijke gemeenschappen, speciale belangengroepen, de overheid en de samenleving als geheel. Om het algemene inzicht in de structuur en activiteiten van ondernemingen, hun bedrijfsbeleid en hun prestaties met betrekking tot milieu-, sociale en governance kwesties te vergroten, moeten ondernemingen openheid betrachten in hun bedrijfsvoering en tegemoet komen aan de steeds verdergaande vraag om informatie vanuit de samenleving.

31. De eerste reeks aanbevelingen inzake openbaarmaking is identiek aan de informatieverstrekkingsgegevens die zijn beschreven in de G20/OECD Principles of Corporate Governance [OECD/LEGAL/0413]. De annotaties bij de Principes bevatten verdere aanwijzingen omtrent de vereiste informatievoorziening en de aanbevelingen in de *Richtlijnen* moeten in samenhang hiermee worden geïnterpreteerd. De eerste reeks aanbevelingen inzake informatieverstrekking is voornamelijk gericht op beursgenoteerde ondernemingen en op alle materiële aangelegenheden met betrekking tot de onderneming. Materiële informatie kan gedefinieerd worden als informatie waarvan redelijkerwijs kan worden aangenomen dat de afwezigheid of verkeerde weergave ervan van invloed is op de beoordeling door een investeerder van de waarde van een onderneming. Dit omvat doorgaans de waarde, het tijdstip en de zekerheid van de toekomstige kasstromen van een onderneming. Materiële informatie kan ook worden gedefinieerd als informatie die een redelijke investeerder belangrijk acht bij het nemen van een investerings- of stembeslissing. Voor zover toepasselijk, met inachtneming van activiteit, omvang en plaats van de onderneming, kunnen deze aanbevelingen inzake informatieverstrekking ook een nuttig hulpmiddel

zijn om de bestuurspraktijken bij niet-beursgenoteerde ondernemingen, zoals besloten vennootschappen of overheidsbedrijven, te verbeteren. Deze reeks aanbevelingen inzake informatieverstrekking vereist regelmatige, tijdige, betrouwbare, duidelijke, volledige, nauwkeurige en vergelijkbare informatie over alle materiële aangelegenheden met betrekking tot de onderneming, met inbegrip van de financiële situatie, de resultaten, duurzaamheid, eigendom en governance van de onderneming. Informatie over de beloning van de raad van bestuur en de directie is ook van belang voor aandeelhouders, met inbegrip van het verband tussen beloning en de resultaten, duurzaamheid en veerkracht van de onderneming op lange termijn. Ook worden ondernemingen geacht tijdig informatie te verstrekken over de beloning van de commissarissen en de belangrijkste bestuurders alsook beloningsniveaus of -bedragen op gestandaardiseerde en vergelijkbare basis, zodat de investeerders de kosten en baten van beloningsplannen en de effecten van gratificatiesystemen, zoals optieregelingen, op de bedrijfsresultaten goed kunnen beoordelen. Transacties met derden en materieel voorzienbare risicofactoren vormen additionele relevante informatie die openbaar gemaakt dient te worden.

32. De tweede reeks aanbevelingen in de *Richtlijnen* betreft informatieverstrekking over maatschappelijk verantwoord ondernemen, met inbegrip van de feitelijke of potentiële negatieve gevolgen van de onderneming voor mensen, het milieu en de samenleving, en daarmee verband houdende gepaste zorgvuldigheidsprocedures, die van materieel belang kunnen zijn voor de besluitvorming van een investeerder en die ook relevant kunnen zijn voor een breder scala van belanghebbenden, waaronder werknemers, werknemersvertegenwoordigers, lokale gemeenschappen en het maatschappelijk middenveld. In het kader van de informatieverstrekking kunnen gepaste zorgvuldigheidsprocessen, zoals beschreven in paragraaf 3 een nuttig middel zijn waarmee ondernemingen ervoor kunnen zorgen dat zij relevante informatie over maatschappelijk verantwoord zaken doen daadwerkelijk op consistente en geloofwaardige wijze identificeren en doorgeven, met inbegrip van informatie die van materieel belang kan zijn. Op deze manier kan gepaste zorgvuldigheid ondernemingen ondersteunen bij het identificeren van materiële risico's en gevolgen en de relevantie, kwaliteit en vergelijkbaarheid van openbaarmakingen als benoemd in zowel paragraaf 2 als 3 verbeteren. Bovendien kunnen gepaste zorgvuldigheidsprocessen een middel zijn om geloofwaardige verslaglegging te waarborgen ten opzichte van doelstellingen en verbintenissen van ondernemingen waarvoor mogelijk geen duidelijk identificeerbare of meetbare streefdoelen bestaan. Verschillende rechtsgebieden staan toe of vereisen dat rekening wordt gehouden met belangen van belanghebbenden en veel ondernemingen verstrekken informatie over een bredere reeks onderwerpen dan financiële resultaten, waarmee zij kunnen aantonen dat zij zich inzetten voor en resultaten boeken op het gebied van verantwoorde bedrijfspraktijken in het algemeen. Deze tweede vorm van informatieverstrekking - of communicatie met het publiek en met andere partijen die rechtstreeks betrokken zijn bij de activiteiten of zakelijke relaties van de onderneming - kan betrekking hebben op entiteiten die verder reiken dan die welke in de financiële rekeningen van de onderneming zijn opgenomen. Deze kan bijvoorbeeld ook informatie bevatten over de activiteiten van onderaannemers, leveranciers, jointventurepartners of anderen met wie de onderneming een zakelijke relatie heeft.

33. De twee vormen van informatieverstrekking in paragrafen 2 en 3 houden verband met elkaar en sommige informatie kan voor beide relevant zijn. Om vast te stellen welke informatie op grond van paragraaf 2 verstrekt behoort te worden maken de *Richtlijnen* gebruik van het materialiteitsbegrip. Informatie al benoemd in paragraaf 2, onder meer met betrekking tot verantwoorde bedrijfsvoering en gepaste zorgvuldigheid , kan ook als materieel worden beschouwd indien het informatie betreft waarvan redelijkerwijs kan worden aangenomen dat de afwezigheid of verkeerde weergave ervan van invloed is op de beoordeling door een investeerder van de waarde, het tijdstip en de zekerheid van de toekomstige kasstromen van een onderneming of op de investerings- of stembeslissingen van een investeerder. De bepaling welke informatie van materieel belang is, kan variëren in de tijd en afhankelijk van de lokale context, ondernemingsspecifieke omstandigheden en bevoegdheidsvereisten. Gebruikers van financiële informatie en marktdeelnemers hebben behoefte aan informatie over redelijkerwijs voorzienbare materiële risico's, waaronder: risico's die specifiek zijn voor de bedrijfstak of de geografische gebieden waarin de onderneming actief is; afhankelijkheid van grondstoffen en toeleveringsketens; financiële marktrisico's,

met inbegrip van rente- of valutarisico; risico's in verband met derivaten en transacties buiten de balans; risico's in de bedrijfsvoering; digitale veiligheidsrisico's; nalevingsrisico's en duurzaamheidsrisico's, met name klimaat gerelateerde risico's. Sommige rechtsgebieden kunnen ook eisen of aanbevelen dat duurzaamheidsaspecten die van cruciaal belang zijn voor het personeel van een onderneming en belangrijke belanghebbenden of voor de invloed van een onderneming op niet-diversificeerbare risico's openbaar worden gemaakt.

34. Met betrekking tot de op grond van paragraaf 3 verstrekte informatie kunnen risico's en effecten die wellicht niet financieel materieel lijken, maar wel relevant zijn voor mensen, en de planeet op enig moment financieel materieel zijn voor een onderneming.

35. De aanbevelingen inzake de informatieverstrekking in dit hoofdstuk en in de *Richtlijnen* worden niet geacht ondernemingen met een onredelijke hoeveelheid administratief werk of hoge kosten op te zadelen. Ook wordt niet van ondernemingen verwacht dat zij gegevens openbaar maken die hun concurrentiepositie in gevaar kunnen brengen, tenzij bekendmaking noodzakelijk is om een gefundeerde investeringsbeslissing mogelijk te maken en misleiding van de investeerders te voorkomen.

36. Informatie moet worden voorbereid en openbaar gemaakt in overeenstemming met internationaal erkende standaarden voor boekhouding en verslaglegging. Een jaarlijkse externe controle moet worden uitgevoerd door een onafhankelijke, bekwame en gekwalificeerde auditor in overeenstemming met internationaal erkende normen op het gebied van controle, ethiek en onafhankelijkheid, teneinde redelijke zekerheid te bieden dat de financiële overzichten op alle materiële punten worden opgesteld overeenkomstig een toepasselijk kader voor financiële verslaglegging.

37. Veel ondernemingen hebben maatregelen getroffen om hen te helpen aan de wetten en bepaalde gedragsnormen voor ondernemingen te voldoen en de transparantie van hun activiteiten te vergroten. Steeds meer ondernemingen ontwikkelen vrijwillige gedragscodes om uitdrukking te geven aan het belang dat zij hechten aan internationale normen of ethische waarden op gebieden als milieu, waaronder klimaatverandering, biodiversiteit, mensenrechten, arbeidsomstandigheden, consumentenbescherming en belasting. Er worden of er zijn gespecialiseerde managementsystemen (door)ontwikkeld om ondernemingen te faciliteren hun verplichtingen te honoreren, zoals informatiesystemen, werkprocedures en opleidingsvoorzieningen.

38. Van ondernemingen kan worden verlangd dat zij verslag uitbrengen aan de hand van bredere verslagleggingsnormen die zijn opgelegd door regelgevings- of noteringsautoriteiten en, indien dit in overeenstemming is met de wettelijke en verslagleggingsvereisten van een rechtsgebied, streven naar de vaststelling van en afstemming op nieuwe mondiale beste praktijken en evoluerende verslagleggingsnormen, bijvoorbeeld op het gebied van klimaat en emissies. Ook werken ondernemingen met ngo's en intergouvernementele organisaties samen aan de ontwikkeling van rapportagecriteria die ondernemingen beter in staat moeten stellen te communiceren welk effect hun activiteiten op allerlei duurzaamheidsaspecten hebben.

39. Ondernemingen worden gestimuleerd proactief relevante informatie over verantwoord ondernemen bekend te maken, gemakkelijk toegankelijke, gebruikersvriendelijke, tijdige, accurate, duidelijke en volledige informatie te verstrekken en de gepubliceerde informatie op betaalbare wijze toegankelijk te maken, en hiervoor te overwegen om gebruik te maken van informatietechnologie. De informatie die voor de gebruikers op de binnenlandse markt bestemd is, moet voor alle geïnteresseerden beschikbaar zijn. Ondernemingen moeten ervoor zorgen dat informatie op passende wijze wordt aangeboden aan verschillende doelgroepen en kunnen speciale maatregelen treffen om de informatie beschikbaar te stellen aan gemeenschappen die geen toegang tot online of gedrukte media hebben (bijvoorbeeld afgelegen of armere gemeenschappen die rechtstreeks effect van de ondernemingsactiviteiten ondervinden).

40. Toetsing van informatie over maatschappelijk verantwoord ondernemen door een onafhankelijke, bevoegde en gekwalificeerde entiteit in overeenstemming met internationaal erkende assurancestandaarden kan het vertrouwen in de openbaar gemaakte informatie onderbouwen en vergroten en bijdragen aan een hogere kwaliteit en meer vergelijkbare verslaglegging.

IV. Mensenrechten

Staten hebben de plicht mensenrechten te beschermen. Binnen het kader van internationaal erkende mensenrechten, de internationale verplichtingen inzake mensenrechten van de landen waarin zij opereren evenals relevante nationale wetgeving en normen behoren ondernemingen:

1. Mensenrechten te respecteren, wat betekent dat zij inbreuken op de mensenrechten van derden behoren te voorkomen en negatieve gevolgen waarbij zij betrokken zijn behoren aan te pakken
2. In het kader van hun eigen activiteiten, het veroorzaken van of het bijdragen aan negatieve gevolgen op mensenrechten te voorkomen en zulke effecten aan te pakken wanneer zij zich voordoen.
3. Manieren te zoeken om negatieve gevolgen op mensenrechten te voorkomen of te verminderen wanneer deze gevolgen direct verbonden zijn aan hun bedrijfsactiviteiten, producten of diensten via een zakelijke relatie, zelfs als zij zelf niet bijdragen aan deze effecten.
4. Een publiek beschikbaar beleid te hebben ten aanzien van het waarborgen van respect voor mensenrechten.
5. Gepaste zorgvuldigheid op mensenrechtengebied uit te voeren zoals gepast in het licht van hun omvang, de aard en context van activiteiten en de ernst van de risico's op negatieve gevolgen op mensenrechten.
6. Via legitieme procedures te voorzien in of mee te werken aan het herstel van negatieve gevolgen op mensenrechten waar zij vaststellen dat zij deze gevolgen hebben veroorzaakt of daaraan hebben bijgedragen.

Toelichting op hoofdstuk IV: Mensenrechten

41. Dit hoofdstuk begint met een openingsalinea die het kader schetst voor de specifieke aanbevelingen over het respect van ondernemingen voor de mensenrechten. Het put uit het Kader van de Verenigde Naties voor Bedrijven en Mensenrechten 'Protect, Respect, Remedy' en is in lijn met de zogeheten Guiding Principles on Business and Human Rights voor de implementatie van dat kader alsmede de Tripartiete Beginselverklaring betreffende multinationale ondernemingen en sociaal beleid van de Internationale Arbeidsorganisatie (ILO).

42. De openingsalinea en de eerste paragraaf erkennen dat staten de plicht hebben de mensenrechten te beschermen, en dat ondernemingen, ongeacht hun omvang, sector, operationele context, eigendom en structuur, de mensenrechten behoren te respecteren waar zij actief zijn. Respect voor de mensenrechten is de mondiale gedragsnorm die aan bedrijven gesteld wordt, onafhankelijk van de bereidheid en het vermogen van staten om zelf aan hun verplichtingen op het gebied van de mensenrechten te voldoen en zonder aan die verplichtingen af te doen.

43. Het falen van een staat om hetzij relevante nationale wetgeving te handhaven, dan wel internationale mensenrechtenverplichtingen te implementeren, of het feit dat een staat in strijd met zulke wetgeving of internationale verplichtingen handelt, doet niets af aan de verwachting dat ondernemingen de mensenrechten respecteren. In landen waar nationale wetgeving en regelgeving conflicteren met

internationaal erkende mensenrechten behoren ondernemingen manieren zien te vinden om deze zo goed mogelijk in acht te nemen zonder zichzelf in een situatie te plaatsen waarin zij nationale wetgeving schenden, zoals omschreven in paragraaf 2 van het hoofdstuk over Algemene beginselen.

44. In alle gevallen en ongeacht het land of de specifieke context waarin ondernemingen opereren, dient als minimum uitgangspunt gerefereerd te worden aan de internationaal erkende mensenrechten die zijn opgenomen in de International Bill of Human Rights, bestaande uit de Universele Verklaring van de Rechten van de Mens en de voornaamste instrumenten die de Verklaring codificeren: het Internationale Verdrag voor Burger- en Politieke Rechten en het Internationale Verdrag voor Economische, Sociale en Culturele Rechten, en naar de principes voor fundamentele rechten die zijn opgenomen in de Verklaring inzake de Fundamentele Principes en Rechten op het werk van de ILO.

45. Ondernemingen kunnen effect hebben op bijna het gehele spectrum aan internationaal erkende mensenrechten. In de praktijk van specifieke sectoren of omstandigheden kunnen sommige mensenrechten eerder in gevaar komen door negatieve gevolgen dan andere en daarom verhoogde waakzaamheid vereisen. Echter, omstandigheden kunnen wijzigen, waardoor alle rechten onderwerp zouden moeten zijn van regelmatige evaluatie. Afhankelijk van omstandigheden kan het nodig zijn dat ondernemingen additionele normen in overweging nemen. Ondernemingen dienen bijvoorbeeld de mensenrechten van personen die tot specifieke (bevolkings)groepen horen die bijzondere aandacht vereisen te respecteren, indien zij negatieve gevolgen op de mensenrechten van die personen kunnen hebben. Ondernemingen moeten bijzondere aandacht besteden aan eventuele specifieke negatieve gevolgen voor personen, bijvoorbeeld voorvechters van mensenrechten, die individueel of als lid van bepaalde groepen of bevolkingsgroepen, waaronder inheemse volkeren, een verhoogd risico lopen als gevolg van marginalisering, kwetsbaarheid of andere omstandigheden. De OESO-handreikingen voor due diligence, met inbegrip van de OESO Due Diligence Handreiking voor Maatschappelijk Verantwoord Ondernemen, de Due Diligence Guidance for Meaningful Stakeholder Engagement in the Extractive Sector van de OESO, en de OECD-FAO Guidance for Responsible Agricultural Supply Chainsbieden verdere praktische handreikingen in dit verband, onder meer met betrekking tot het FPIC-principe (Free, Prior and Informed Consent, ofwel vrije, voorafgaande en geïnformeerde instemming). Er zijn in dat verband instrumenten van de Verenigde Naties die uitgebreider ingaan op de rechten van inheemse volkeren (VN-verklaring inzake de rechten van inheemse volken); van nationale, etnische, religieuze of linguïstische minderheden; van vrouwen en kinderen; van personen met handicaps; en van migrantenarbeiders en hun families. Bovendien behoren ondernemingen in situaties van gewapend conflict normen van internationaal humanitair recht te respecteren. In de context van gewapende conflicten of een verhoogd risico op grove misbruiken moeten ondernemingen aangescherpte gepaste zorgvuldigheid toepassen met betrekking tot negatieve gevolgen, met inbegrip van schendingen van het internationaal humanitair recht.

46. Paragraaf 1 verwoordt de aanbeveling dat het aanpakken van daadwerkelijke en potentiële negatieve gevolgen voor mensenrechten bestaat uit het nemen van adequate maatregelen ter identificatie, preventie, waar mogelijk, en vermindering van potentiële gevolgen voor mensenrechten, herstel van daadwerkelijke gevolgen, en het afleggen van verantwoording over hoe deze negatieve gevolgen voor mensenrechten worden aangepakt. De term 'inbreuken op' refereert naar de negatieve gevolgen die een onderneming zou kunnen hebben op de rechten van de mens.

47. Paragraaf 2 beveelt ondernemingen aan het veroorzaken van of bijdragen aan negatieve gevolgen voor mensenrechten met hun eigen activiteiten te voorkomen en ze aan te pakken wanneer zij zich voordoen. 'Activiteiten' kan zowel acties als omissies betreffen. Indien een onderneming zelf een negatief gevolg voor mensenrechten veroorzaakt of kan veroorzaken, dient zij de noodzakelijke stappen te ondernemen om dat gevolg te stoppen of te voorkomen. Indien een onderneming bijdraagt of zou kunnen bijdragen aan een dergelijk gevolg, dient zij de noodzakelijke stappen te ondernemen om die bijdrage te stoppen of te voorkomen en haar invloed aan te wenden om het resterende negatieve gevolg zo goed als mogelijk te verminderen. Invloed wordt geacht te bestaan indien de onderneming in staat is verandering

teweeg te brengen in de praktijken van een entiteit die negatieve gevolgen op mensenrechten heeft veroorzaakt.

48. Paragraaf 3 richt zich op meer ingewikkelde situaties waarin een onderneming niet zozeer heeft bijgedragen aan een negatief gevolg voor mensenrechten, maar waarin dat gevolg desalniettemin direct verbonden is aan haar activiteiten, producten of diensten via een zakelijke relatie met een andere entiteit, Paragraaf 3 heeft niet als doel de verantwoordelijkheid van de entiteit die het negatieve gevolg voor mensenrechten veroorzaakt te verschuiven naar de onderneming waarmee zij een zakelijke relatie heeft. Voldoen aan de verwachting van paragraaf 3 houdt in dat een onderneming, alleen handelend of in samenwerking met andere entiteiten waar gepast, haar invloed aanwendt en waar nodig uitbreidt om de entiteit te beïnvloeden die het negatieve gevolg voor mensenrechten veroorzaakt met als doel preventie of vermindering van dat negatieve gevolg. 'Zakelijke relaties' omvatten relaties met zakenpartners, entiteiten in de toeleveringsketen en andere statelijke of non-statelijke entiteiten die direct verbonden zijn aan de activiteiten, producten of diensten van een onderneming. In de bepaling over wat een gepaste actie is in zulke situaties zijn onder meer de volgende factoren bepalend: de invloed van de onderneming op de betreffende entiteit, de mate waarin de relatie cruciaal is voor de onderneming, de ernst van het negatieve gevolg en de vraag of het beëindigen van de relatie met de entiteit op zichzelf geen negatieve gevolgen voor mensenrechten zou hebben.

49. Paragraaf 4 beveelt ondernemingen aan hun beleid voor het respecteren van mensenrechten te uiten via een publiekelijk toegankelijke beleidsverklaring die: i) is goedgekeurd op het hoogste niveau van de onderneming; ii) is gestoeld op relevante interne en/of externe expertise; iii) verwachtingen van de onderneming op het gebied van mensenrechten bepaalt van personeel, zakenrelaties en andere partijen die direct zijn verbonden aan haar activiteiten, producten of diensten; iv) intern en extern gecommuniceerd wordt naar al het personeel, zakelijke relaties en andere relevante partijen; v) weerspiegeld wordt in het operationeel beleid en operationele procedures die nodig zijn om het beleid in de hele onderneming ten uitvoer te brengen.

50. Paragraaf 5 beveelt ondernemingen aan om gepaste zorgvuldigheid op mensenrechtengebied uit te voeren. Het proces omvat het analyseren van daadwerkelijke en potentiële gevolgen voor de mensenrechten, het integreren en het reageren op bevindingen, toezien op reacties en het communiceren over de wijze waarop met gevolgen wordt omgegaan. Gepaste zorgvuldigheid op mensenrechtengebied kan geïntegreerd worden in de bredere risicobeheerssystemen van een onderneming, ervan uitgaande dat dit verder gaat dan het eenvoudigweg identificeren en beheersen van materiële risico's voor de onderneming zelf en ook de rechten van rechthebbenden meeneemt. Dit is een continu proces waarvoor erkend wordt dat risico's voor mensenrechten gaandeweg kunnen veranderen doordat de activiteiten van de onderneming en de context waarin deze plaatsvinden kunnen veranderen. Aanvullende aanwijzingen voor gepaste zorgvuldigheid, waaronder ook in relatie tot toeleveringsketens, en gepaste reacties op risico's die voorkomen in toeleveringsketens worden gegeven in paragraaf A.11 t/m A.13 van het hoofdstuk over Algemene Beginselen en de bijbehorende toelichting. Daarnaast zijn aanvullende handreikingen ontwikkeld voor specifieke sectoren en risico's, alsook op sectoroverschrijdend niveau via de OESO Due Diligence Handreiking voor Maatschappelijk Verantwoord Ondernemen. Het uitvoeren van gepaste zorgvuldigheid op het gebied van mensenrechten kan gepaard gaan met het afwegen van afzonderlijke en overlappende risico's, met inbegrip van risico's die verband houden met individuele kenmerken of met kwetsbare of gemarginaliseerde groepen. Een betekenisvolle betrokkenheid van belanghebbenden is in dit verband belangrijk en het kan ook relevant zijn na te denken over manieren om de resultaten van duurzame ontwikkeling voor dergelijke groepen te maximaliseren.

51. Indien ondernemingen via hun gepaste zorgvuldigheidsproces op het gebied van mensenrechten of andere wijze identificeren dat zij een negatief gevolg hebben veroorzaakt of daaraan bijdragen, bevelen de *Richtlijnen* ondernemingen aan via legitieme procedures te voorzien in of mee te werken aan herstel. Ondernemingen dienen processen op te zetten of eraan deel te nemen om herstel mogelijk te maken. Sommige situaties vereisen medewerking aan juridische of van de overheid uitgaande buitengerechtelijke

mechanismen. In andere situaties kunnen klachtenmechanismen op operationeel niveau voor diegenen die potentieel negatieve gevolgen ondervinden van de onderneming een effectief middel zijn om te voorzien in dergelijke processen indien deze voldoen aan de kerncriteria legitimiteit, toegankelijkheid, voorspelbaarheid, billijkheid, compatibiliteit met de *Richtlijnen*, transparantie, verenigbaarheid met rechten, een bron van permanente educatie zijn, en zijn gebaseerd op dialoog en betrokkenheid gericht op het zoeken van acceptabele oplossingen. Zulke mechanismen kunnen door de onderneming zelf beheerd worden of in samenwerking met andere belanghebbenden en vormen tevens een bron van continu leren. Klachtenmechanismen op operationeel niveau dienen niet aangewend te worden om de rol van vakbonden in arbeidskwesties te ondermijnen; evenmin dienen dergelijke mechanismen toegang tot gerechtelijke of buitengerechtelijke klachtenprocedures, waaronder die van de Nationale Contactpunten onder de *Richtlijnen*, op voorhand uit te sluiten.

V. Werkgelegenheid en arbeidsverhoudingen

Ondernemingen behoren, binnen het kader van de van toepassing zijnde wet- en regelgeving, de gangbare praktijken op het gebied van arbeidsverhoudingen en tewerkstelling en van toepassing zijnde internationale arbeidsnormen, daarbij illegale praktijken op het gebied van werkgelegenheid en arbeidsverhoudingen vermijdend, en in overeenstemming met de in de hoofdstukken II en IV beschreven verwachtingen inzake gepaste zorgvuldigheid:

1.

a) Het recht van werknemers te respecteren om zich naar eigen inzicht aan te sluiten bij vakbonden of werknemersorganisaties of deze op te richten, onder meer door te voorkomen dat de keuze van werknemers om een vakbond of representatieve organisatie naar eigen keuze op te richten of zich daarbij aan te sluiten, wordt aangetast.

b) Het recht van werknemers te respecteren om zich te laten vertegenwoordigen door vakbonden en werknemersvertegenwoordigers naar hun eigen keuze bij collectieve onderhandelingen en het voeren van constructieve onderhandelingen, hetzij individueel, hetzij via werkgeversorganisaties met de desbetreffende vertegenwoordigers, om overeenkomsten over de arbeidsvoorwaarden en –omstandigheden te bereiken.

c) Bij te dragen aan de daadwerkelijke afschaffing van kinderarbeid, en met hoogste prioriteit onmiddellijke en effectieve stappen te ondernemen om de uitbanning van de ergste vormen van kinderarbeid te bewerkstelligen.

d) Bij te dragen aan de afschaffing van elke vorm van verplichte arbeid of dwangarbeid en met hoogste prioriteit onmiddellijke en effectieve stappen te ondernemen om verplichte arbeid of dwangarbeid zo snel mogelijk uit te bannen.

e) Zich in hun activiteiten te laten leiden door het principe van inherente gelijkheid van arbeidskansen en gelijke behandeling, en geen onderscheid tussen hun werknemers te maken op grond van ras, huidskleur, geslacht, leeftijd, godsdienst, politieke overtuiging, nationaliteit, maatschappelijke achtergrond, personen met een beperking of andere status, tenzij het selecteren van werknemers op hun hoedanigheden past in het kader van een door de overheid vastgesteld beleid dat in het bijzonder gericht is op een grotere gelijkheid van kansen op tewerkstelling of betrekking heeft op de bijbehorende eisen van een functie.

f) Te zorgen voor een veilige en gezonde werkomgeving in overeenstemming met de Verklaring van de Internationale Arbeidsorganisatie inzake de Fundamentele Principles en Rechten op het werk.

2.

a) De werknemersvertegenwoordigers de nodige faciliteiten te bieden om de totstandbrenging van doeltreffende collectieve arbeidsovereenkomsten te vergemakkelijken.

b) De werknemersvertegenwoordigers tijdig de informatie te verstrekken die nodig is voor betekenisvolle onderhandelingen over de arbeidsvoorwaarden.

c) Werknemers en hun vertegenwoordigers de nodige informatie te verstrekken om zich een waarheidsgetrouw en correct beeld te vormen van de resultaten van de entiteit of, indien van toepassing, de onderneming als geheel.

3. Het overleg en de samenwerking tussen werkgevers, werknemers en hun vertegenwoordigers over onderwerpen van gemeenschappelijk belang te bevorderen door middel van legitieme processen, structuren of mechanismen met betrekking tot aangelegenheden van wederzijds belang.

4.

a) Bij al hun activiteiten arbeidsnormen, contractuele regelingen en arbeidsverhoudingen in acht te nemen.

b) Wanneer multinationale ondernemingen in andere landen actief zijn, mogen lonen, voordelen en arbeidsvoorwaarden die in het kader van hun activiteiten worden aangeboden, niet minder gunstig zijn voor de werknemers dan die door vergelijkbare werkgevers in het gastland worden aangeboden. Indien vergelijkbare werkgevers wellicht niet aanwezig zijn, moeten ondernemingen, binnen het kader van overheidsbeleid en toepasselijke internationale normen, in de best mogelijke lonen, voordelen en arbeidsomstandigheden voorzien. Deze zouden gerelateerd moeten zijn aan de economische positie van de onderneming, maar behoren tenminste voldoende te zijn om in de eerste levensbehoeften van de werknemers en hun gezinnen te voorzien.

c) De hoogste normen op het gebied van gezondheid en de veiligheid in de werkomgeving zeker te stellen.

5. In hun activiteiten zoveel mogelijk plaatselijk personeel tewerk te stellen en op te leiden teneinde het niveau van kennis en vaardigheden te verbeteren, zulks in samenwerking met de werknemersvertegenwoordigers en, waar relevant, de desbetreffende autoriteiten.

6. Wanneer zij overwegen veranderingen in hun activiteiten aan te brengen die belangrijke gevolgen voor de werkgelegenheid zouden kunnen hebben, met name bij sluiting van een bedrijfsonderdeel dat collectief ontslag met zich meebrengt, de vertegenwoordigers van de getroffen werknemers en hun organisaties en, waar van toepassing, de desbetreffende autoriteiten hiervan binnen een redelijke termijn op de hoogte te stellen, en met de werknemersvertegenwoordigers en met de desbetreffende autoriteiten samen te werken om de negatieve gevolgen van dergelijke veranderingen zoveel mogelijk te beperken. Rekening houdend met de bijzondere omstandigheden van elk geval, verdient het de voorkeur dat het bestuur de betrokkenen inlicht voordat de definitieve beslissing wordt genomen. Ook andere middelen kunnen worden gebruikt om tot betekenisvolle samenwerking te komen teneinde de gevolgen van dergelijke beslissingen te beperken.

7. In de context van te goeder trouw gevoerde onderhandelingen met werknemersvertegenwoordigers over arbeidsvoorwaarden, of wanneer werknemers hun recht om zich te organiseren uitoefenen, niet te dreigen een bedrijfsonderdeel geheel of gedeeltelijk uit het desbetreffende land te verplaatsen, of werknemers uit bedrijfsonderdelen uit andere landen over te plaatsen om de onderhandelingen op oneerlijke wijze te beïnvloeden of de uitoefening van het recht om zich te organiseren of collectief te onderhandelen, te belemmeren.

8. Daartoe aangewezen vertegenwoordigers van hun werknemers in staat te stellen te onderhandelen over collectieve overeenkomsten of zaken die de werknemers-werkgeversverhoudingen betreffen, en de partijen gelegenheid te bieden over aangelegenheden van wederzijds belang te overleggen met vertegenwoordigers van de werkgevers die bevoegd zijn over dergelijke zaken beslissingen te nemen.

Toelichting op hoofdstuk V: Werkgelegenheid en arbeidsverhoudingen

52. Dit hoofdstuk begint met een openingszin waarin wordt verwezen naar de van toepassing zijnde wet- en regelgeving. Hiermee wordt erkend dat multinationale ondernemingen, behalve aan de jurisdictie van bepaalde landen waarin zij werken, ook onderworpen kunnen zijn aan nationale en internationale regels op het gebied van werkgelegenheid en arbeidsverhoudingen. De uitdrukking "gangbare praktijken op het gebied van arbeidsverhoudingen en tewerkstelling" is breed genoeg om een groot aantal interpretaties in het licht van verschillende nationale omstandigheden mogelijk te maken – bijvoorbeeld verschillende collectieve onderhandelingsmogelijkheden die voor werknemers krachtens nationale wetten en voorschriften openstaan.

53. De Internationale Arbeidsorganisatie (ILO) is het bevoegde orgaan als het gaat om de opstelling en behandeling van internationale arbeidsnormen en de bevordering van de fundamentele rechten op het werk die zijn erkend in de ILO-Verklaring inzake de Fundamentele Principes en Rechten op het werk. De *Richtlijnen*, die een niet-bindend instrument zijn, spelen een rol bij de bevordering van de inachtneming van deze normen en principes door multinationale ondernemingen. In dit hoofdstuk van de *Richtlijnen* worden de relevante bepalingen uit de Verklaring en uit de Tripartiete Principeverklaring betreffende multinationale ondernemingen en sociaal beleid (de ILO MNO Verklaring) herhaald. In deze laatste worden een aantal principes op het gebied van aanstelling, scholing, arbeidsomstandigheden en arbeidsrelaties opgesomd, terwijl de OESO *Richtlijnen* alle belangrijke aspecten van het ondernemingsgedrag bestrijken. De OESO *Richtlijnen* en de ILO MNO Verklaring hebben beide betrekking op het gedrag dat van ondernemingen wordt verwacht en worden geacht elkaar te versterken maar niet te bestrijden. Daarom kan de ILO MNO Verklaring behulpzaam zijn bij de interpretatie van de Richtlijnen in die zin dat deze verder uitgewerkt is. De verantwoordelijkheden voor de follow-up procedures ten behoeve van de ILO MNO Verklaring en de *Richtlijnen* zijn echter institutioneel gescheiden.

54. De terminologie in hoofdstuk V komt overeen met die in de ILO MNO Verklaring. Erkend wordt dat bij gebrek aan een arbeidsverhouding van ondernemingen desalniettemin wordt verwacht dat zij handelen in overeenstemming met de op risico gebaseerde gepaste zorgvuldigheid en de aanbevelingen voor de toeleveringsketen in paragrafen A.11 tot en met A.14 van hoofdstuk II Algemene Beginselen. Dit is met name relevant in sectoren waar informaliteit, werkregelingen voor de korte termijn, tekorten aan fatsoenlijk werk en digitale transformatie vaker voorkomen.

55. Deze aanbevelingen doorkruisen geen civiele of commerciële relaties, maar proberen juist te waarborgen dat personen die een arbeidsrelatie hebben, de bescherming krijgen die hun toekomt in het kader van de *Richtlijnen*.

56. De eerste paragraaf van dit hoofdstuk bevat alle fundamentele principes en rechten op het werk, die in de ILO-Verklaring inzake de Fundamentele Principes en Rechten op het werk worden opgesomd: de vrijheid van vereniging en het recht op collectieve arbeidsovereenkomsten, de effectieve afschaffing van kinderarbeid, de afschaffing van alle vormen van dwangarbeid of verplichte arbeid, de eliminatie van non-discriminatie in arbeid en beroep, en het zorgen voor een veilige en gezonde werkomgeving. Deze principes en rechten zijn uitgewerkt in specifieke rechten en plichten in ILO-verdragen die als fundamenteel worden erkend.

57. In paragraaf 1c worden multinationale ondernemingen aangemoedigd bij te dragen tot de effectieve afschaffing van kinderarbeid in de zin van de ILO-Verklaring inzake de Fundamentele Principes en Rechten op het werk. Reeds lang bestaande ILO-instrumenten inzake kinderarbeid zijn Verdrag 138 en Aanbeveling 146 (beide aangenomen in 1973) omtrent de minimumleeftijd voor arbeid en Verdrag 182 en Aanbeveling 190 betreffende de uitbanning van de ergste vormen van kinderarbeid. Door hun personeelsbeleid, de schepping van hoogwaardig, goed betaald fatsoenlijk werk en hun bijdrage aan de economische groei kunnen multinationale ondernemingen een positieve rol spelen bij de bestrijding van de fundamentele oorzaken van de armoede in het algemeen en van kinderarbeid in het bijzonder. Het is

van belang dat de rol die multinationale ondernemingen kunnen vervullen bij het vinden van een duurzame oplossing voor het probleem van kinderarbeid wordt erkend en gestimuleerd. In dit opzicht verdient met name verbetering van onderwijs aan de kinderen in gastlanden speciale aandacht.

58. Paragraaf 1d spoort ondernemingen aan bij te dragen aan de afschaffing van alle vormen van dwangarbeid of verplichte arbeid, eveneens een principe dat aan de ILO-Verklaring omtrent de fundamentele principes en rechten op het werk is ontleend, en dat in het Internationaal Verdrag inzake burgerrechten en politieke rechten (ICCPR) wordt erkend als het mensenrecht om vrij te zijn van dwangarbeid en verplichte arbeid. De verwijzing naar dit grondrecht berust op het ILO-Verdrag 29 uit 1930 het Protocol daarbij uit 2014 en Verdrag 105 uit 1957. Verdrag 29 roept regeringen op "het gebruik van dwangarbeid in al zijn vormen zo spoedig mogelijk af te schaffen", terwijl hen in Verdrag 105 wordt gevraagd "elke vorm van dwangarbeid af te schaffen en het gebruik hiervan na te laten" voor bepaalde genoemde doelen (b.v. als middel om politieke druk uit te oefenen of arbeidsdiscipline af te dwingen), en "effectieve maatregelen te nemen om de onmiddellijke en volledige afschaffing [daarvan] te waarborgen". Tegelijkertijd is de ILO de aangewezen autoriteit om zich bezig te houden met het lastige kwestie van de gevangenisarbeid, vooral wanneer het gaat om het verhuren (of beschikbaar stellen) van gevangen aan particulieren, ondernemingen of organisaties. Ondernemingen moeten de nodige maatregelen nemen om mensenhandel, ook met het oog op dwangarbeid, te voorkomen en dwangmiddelen, waaronder schuldslavernij, aan te pakken. Ondernemingen moeten reageren op de indicatoren die zijn vastgesteld in de ILO-indicatoren voor dwangarbeid en moeten zorgen voor meer transparantie over de maatregelen die worden genomen om de risico's van dwangarbeid in verband met hun activiteiten, producten en diensten aan te pakken.

59. De verwijzing naar het principe van non-discriminatie op werk in paragraaf 1e heeft betrekking op bepalingen en voorwaarden op het vlak van onder andere aanstelling, werkomschrijving, ontslag, salaris en voordelen, promotie, overstap of herlocatie, afloop van contracten, scholing en pensioen. In de lijst met niet-toelaatbare gronden voor discriminatie, die is ontleend aan ILO-Verdrag 111 betreffende discriminatie in arbeid en beroep, ILO-Verdrag 100, Verdrag 183 betreffende de bescherming van het moederschap, Verdrag 159 betreffende de beroepsrevalidatie en werkgelegenheid van gehandicapten, Aanbeveling 162 met betrekking tot Oudere Werknemers en Aanbeveling 200 over HIV en Aids op de Werkvloer, wordt ervan uitgegaan dat elke vorm van onderscheid, uitsluiting of voorkeur op deze gronden in strijd is met de Verdragen, Aanbevelingen en Codes. De term 'andere status' verwijst in de context van de *Richtlijnen* naar deelname aan vakbondsactiviteiten en persoonlijke kenmerken of eigenschappen, zoals leeftijd, beperking, gender, zwangerschap, civiele status, seksuele geaardheid, of hiv-status. Krachtens paragraaf 1e behoren ondernemingen gelijke kansen voor eenieder te bevorderen - met bijzondere nadruk op gelijke criteria voor selectie, beloning, training en promotie en de gelijke toepassing van deze criteria - en discriminatie of ontslag wegens huwelijk, zwangerschap of van werknemers met gezinstaken te voorkomen. Relevant in dit verband is ILO-Verdrag 190 betreffende geweld en intimidatie.

60. In paragraaf 1f wordt alle ondernemingen aanbevolen een veilige en gezonde werkomgeving tot stand te brengen, onder meer door ongevallen en gezondheidsschade te voorkomen die het gevolg zijn van, verband houden met of zich voordoen tijdens het werk, door, voor zover redelijkerwijs uitvoerbaar, de oorzaken van de aan de werkomgeving inherente gevaren tot een minimum te beperken.

61. In paragraaf 2c van dit hoofdstuk wordt gesteld dat de informatie die ondernemingen aan hun werknemers en hun vertegenwoordigers verstrekken, een "waarheidsgetrouw en correct beeld" van de resultaten moet geven. Dit betreft de volgende elementen: de structuur van de onderneming, de economische en financiële situatie en vooruitzichten, de negatieve gevolgen voor de gezondheid en veiligheid van het milieu, de werkgelegenheidsontwikkeling en verwachte grote veranderingen in de bedrijfsvoering, met inachtneming van gerechtvaardigde eisen ten aanzien van de vertrouwelijkheid van bedrijfsgegevens. Dit laatste kan betekenen dat informatie over bepaalde onderwerpen niet of niet zonder garanties wordt gegeven.

62. De verwijzing naar consultatieve vormen van werknemersparticipatie in paragraaf 3 van het hoofdstuk is afkomstig uit ILO-Aanbeveling 94 omtrent het overleg en de samenwerking tussen werkgevers en werknemers op ondernemingsniveau. Ook sluit ze aan bij een bepaling in de ILO MNO Verklaring. Deze overlegstructuren mogen geen vervanging vormen van het recht van werknemers op onderhandelingen over arbeidsvoorwaarden en -omstandigheden. Ook paragraaf8 van dit hoofdstuk bevat een aanbeveling over overlegstructuren omtrent de arbeidsvoorwaarden.

63. De criteria op het gebied van aanstelling en arbeidsverhoudingen die in paragraaf 4 worden genoemd, omvatten tevens afspraken over vergoedingen en arbeidstijden. De verwijzing naar gezondheid en veiligheid impliceert dat multinationale ondernemingen geacht worden zich te houden aan de geldende wettelijke voorschriften en in de sector geldende normen om het risico op ongevallen of gezondheidsschade die voortvloeien uit, samenhangen met of voorvallen tijdens de uitvoering van het werk zo veel mogelijk te beperken. Hiermee worden ondernemingen aangemoedigd te werken aan de verbetering van hun resultaten op het vlak van arbeidsveiligheid en gezondheid in alle delen van hun onderneming, ook wanneer dit formeel niet verplicht is krachtens de wetgeving van de landen waarin zij actief zijn. Ook worden ondernemingen gestimuleerd om werknemers altijd de mogelijkheid te bieden een werksituatie te verlaten wanneer er redelijke grond bestaat om aan te nemen dat deze een onmiddellijk en ernstig gevaar voor de gezondheid of veiligheid vormt. Aangezien veiligheid en gezondheid ook in samenhang met andere, verwante onderwerpen van belang zijn, komen ze elders in de *Richtlijnen* terug, met name in de hoofdstukken over consumentenbelangen en milieu. ILO Aanbeveling 194 voorziet in een indicatieve lijst met werkgerelateerde aandoeningen evenals normen en richtlijnen voor de praktijk waarmee ondernemingen rekening kunnen houden met het in praktijk brengen van deze aanbeveling van de *Richtlijnen*. Verdere richtsnoeren voor ondernemingen op het gebied van gezondheid en veiligheid op het werk zijn te vinden in Deel IV (Maatregelen op het niveau van de onderneming) van ILO-Verdrag 155 betreffende arbeidsveiligheid, gezondheid en het arbeidsmilieu en de Richtsnoeren inzake managementsystemen voor bedrijfsveiligheid en gezondheid op het werk (ILO-OSH).

64. In paragraaf 5 van dit hoofdstuk worden multinationale ondernemingen aangemoedigd een redelijk aandeel van het personeel, waaronder ook leidinggevenden, onder de plaatselijke bevolking te werven en deze mensen te trainen. Training voor bij- en omscholing moet anticiperen op toekomstige veranderingen in de activiteiten en de behoeften van werkgevers, met inbegrip van maatschappelijke en milieutechnische veranderingen, risico's en kansen die verbonden zijn aan automatisering, digitalisering, rechtvaardige transitie en duurzame ontwikkeling. De bewoordingen over training en kwalificatieniveau in deze passage sluiten aan op de tekst in paragraaf A.4 van het hoofdstuk over Algemene Beginselen omtrent het stimuleren van de ontwikkeling van menselijk kapitaal. De verwijzing naar plaatselijk personeel sluit aan op de passage over de bevordering van de opbouw van lokale capaciteit in paragraaf 3 van het hoofdstuk Algemene beginselen. In overeenstemming met ILO Aanbeveling 195 uit 2004 over Human Resources-ontwikkeling worden ondernemingen aangemoedigd om, voor zover maximaal praktisch haalbaar is, te investeren in de training en voortdurende studie van werknemers daarbij zorgdragend voor mogelijkheden voor de training van vrouwen en andere kwetsbare groepen, zoals jongeren, laaggeschoolden, mensen met een beperking, migranten, oudere werknemers en inheemse volkeren.

65. Ondernemingen spelen een belangrijke rol bij het bevorderen en creëren van fatsoenlijk werk. In paragraaf 6 wordt ondernemingen aanbevolen om werknemersvertegenwoordigers en bevoegde autoriteiten binnen redelijke termijn op de hoogte te stellen indien zij veranderingen overwegen die ingrijpende gevolgen voor de bestaanszekerheid van hun werknemers zouden kunnen hebben, met name bij de sluiting van een vestiging of de overgang naar automatisering waarbij collectief of grootschalig ontslag volgt. Deze bepaling beoogt, zoals aldaar vermeld, gelegenheid te scheppen om samen te werken teneinde de gevolgen van dergelijke veranderingen te beperken. Dit is een belangrijk principe, dat ook in de wetten en praktijken op het gebied van arbeidsrelaties door de meeste Onderschrijvende landen is verankerd, hoewel de manier waarop de gelegenheid voor een zinvolle samenwerking wordt gewaarborgd, niet in alle Onderschrijvende landen hetzelfde is. In de paragraaf wordt ook aangegeven dat het,

afhankelijk van de omstandigheden van elk geval, de voorkeur verdient dat het management de betrokkenen inlicht voordat de definitieve beslissing wordt genomen. Ook dit principe is in een aantal aangesloten landen vastgelegd in de wet en gewoontes op het gebied van arbeidsrelaties. Het is echter niet de enige manier om gelegenheid te scheppen voor een betekenisvolle samenwerking om de gevolgen van dergelijke beslissingen te beperken; de wetten en gewoontes van andere Onderschrijvende landen bieden weer andere middelen, zoals de verplichting om gedurende bepaalde termijnen te overleggen voordat besluiten kunnen worden uitgevoerd.

VI. Milieu

Ondernemingen spelen een sleutelrol bij het bevorderen van duurzame economieën en kunnen bijdragen aan een doeltreffend en progressief antwoord op mondiale, regionale en lokale milieu-uitdagingen, met inbegrip van de urgente dreiging van klimaatverandering. Ondernemingen behoren, binnen het kader van de wet- en regelgeving en administratieve gebruiken in de landen waarin zij actief zijn, en met inachtneming van de relevante internationale overeenkomsten, beginselen, doelstellingen en normen, bij het uitvoeren van hun activiteiten voldoende rekening te houden met de noodzaak het milieu te beschermen, en daarbij ook werknemers, gemeenschappen en de samenleving meer in het algemeen, op een manier waarbij negatieve milieueffecten worden voorkomen en aangepakt en die bijdraagt aan de bredere doelstelling van duurzame ontwikkeling. Ondernemingen kunnen betrokken zijn bij een reeks negatieve milieugevolgen. Dit zijn onder meer:

a) klimaatverandering;
b) verlies aan biodiversiteit;
c) degradatie van land-, mariene en zoetwaterecosystemen;
d) ontbossing;
e) lucht-, water- en bodemverontreiniging;
f) verkeerd beheer van afval, waaronder gevaarlijke stoffen.

Belangrijke verschillen tussen milieueffecten worden uiteengezet in de toelichting bij dit hoofdstuk, onder meer met betrekking tot klimaatverandering en de wijze waarop de relatie van een individuele onderneming tot dergelijke effecten in de context van relevante kaders in aanmerking moet worden beoordeeld.

In het bijzonder behoren ondernemingen:

1. Een voor de desbetreffende onderneming geschikt milieubeheersysteem in te voeren en in stand te houden, dat verband houdt met de activiteiten, producten en diensten van de onderneming gedurende hun volledige levenscyclus, onder meer door op risico gebaseerde gepaste zorgvuldigheid uit te voeren, zoals beschreven in hoofdstuk II, voor negatieve milieueffecten, onder meer door middel van:
   a) het bepalen en beoordelen van negatieve milieueffecten die verband houden met de activiteiten, producten of diensten van een onderneming, onder meer door het verzamelen en evalueren van adequate en tijdige informatie over de negatieve gevolgen die verband houden met haar activiteiten, producten en diensten en waar activiteiten aanzienlijke negatieve milieueffecten kunnen hebben, door een passende milieueffectrapportage op te stellen;
   b) het vaststellen en implementeren van meetbare doelstellingen, streefcijfers en strategieën om de negatieve milieueffecten van hun activiteiten, producten en diensten aan te pakken en om de milieuprestaties te verbeteren. Streefcijfers moeten wetenschappelijk gefundeerd zijn, in overeenstemming zijn met het relevante nationale beleid en internationale verbintenissen en doelstellingen, en gebaseerd zijn op beproefde praktijken;
   c) het regelmatig verifiëren van de doeltreffendheid van strategieën en het monitoren van de vooruitgang bij de verwezenlijking van milieudoelstellingen en -streefcijfers, en het periodiek evalueren van de blijvende relevantie van doelstellingen, streefcijfers en strategieën;

d) het publiek, de werknemers en overige relevante belanghebbenden tijdig de adequate, meetbare en verifieerbare (waar van toepassing) informatie te verstrekken over de potentiële milieueffecten van hun activiteiten, producten en diensten op basis van de beste beschikbare informatie, en de vooruitgang ten opzichte van de streefcijfers en doelstellingen zoals beschreven in paragraaf 1b);

e) zorgen voor, of meewerken aan, herstel indien nodig om negatieve milieueffecten aan te pakken die de onderneming heeft veroorzaakt of waaraan zij heeft bijgedragen, en invloed aanwenden om andere entiteiten die negatieve milieueffecten veroorzaken of daaraan bijdragen te bewegen om deze te herstellen.

2. Zinvolle contacten te onderhouden met relevante belanghebbenden die te maken hebben met negatieve milieueffecten die verband houden met de activiteiten, producten of diensten van een onderneming.

3. In overeenstemming met de wetenschappelijke en technische kennis over de risico's, in geval van dreiging van ernstige of onomkeerbare schade aan het milieu, mede rekening houdend met de gezondheid en veiligheid van de mens, het gebrek aan volledige wetenschappelijke zekerheid of routes niet te gebruiken als reden voor het uitstellen van kosteneffectieve maatregelen om dergelijke schade te voorkomen of tot een minimum te beperken.

4. Rampenplannen gereed te hebben om ernstige schade voor het milieu en de gezondheid die kan voortvloeien uit hun activiteiten, met inbegrip van ongevallen en noodsituaties, te voorkomen, te beperken en te beheersen; alsmede mechanismen om de bevoegde autoriteiten onmiddellijk op de hoogte te stellen.

5. Voortdurend te trachten hun milieuprestaties te verbeteren, binnen de eigen bedrijfsvoering en, waar van toepassing, bij entiteiten waarmee zij een zakelijke relatie hebben, activiteiten zoals de volgende aan te moedigen:

    a) de toepassing van technologieën, waar mogelijk de beste beschikbare technologieën, om de milieuprestaties te verbeteren;

    b) de ontwikkeling en levering van producten of diensten die geen overmatige gevolgen voor het milieu hebben, bij het beoogde gebruik geen gevaar opleveren, duurzaam en repareerbaar zijn en op een veilige manier kunnen worden hergebruikt, gerecycleerd of verwijderd en op een milieuverantwoorde wijze worden geproduceerd waarbij op duurzame wijze gebruik wordt gemaakt van natuurlijke hulpbronnen, de input van energie en materialen zoveel mogelijk wordt beperkt, alsmede het ontstaan van verontreiniging, broeikasgassenuitstoot en afval, met name gevaarlijk afval;

    c) het bewuster maken van hun klanten van de milieueffecten van het gebruik van de producten en diensten van de onderneming, waaronder door het verschaffen van relevante en accurate informatie over hun milieueffecten (bijvoorbeeld over broeikasgassenuitstoot, effect op biodiversiteit, doelmatigheid van gebruik van hulpbronnen, repareerbaarheid en recycleerbaarheid of andere milieukwesties).

6. Hun werknemers adequaat opleiding en training te geven over milieu-, gezondheids- en veiligheidskwesties, waaronder het beheer van (gevaarlijke) stoffen en (gevaarlijk) afval en het voorkomen van milieuongevallen, alsmede over meer algemene aspecten van milieubeheer, zoals milieueffectrapportageprocedures, publieksvoorlichting en milieutechnologieën. Het verlenen van steun, met inbegrip van capaciteitsopbouw op het gebied van milieubeheer, aan leveranciers en andere zakelijke relaties, met name het midden- en kleinbedrijf en kleinschalige landbouwproducenten, waar passend en haalbaar.

7. Bij te dragen aan de ontwikkeling van een ecologisch zinvol en economisch doeltreffend openbaar beleid, bijvoorbeeld door middel van samenwerkingsverbanden of initiatieven om het milieubewustzijn en de milieubescherming te bevorderen.

Toelichting op hoofdstuk VI: Milieu

66. De verwezenlijking van milieudoelstellingen vereist een maatschappij-brede aanpak. De *Richtlijnen* bevatten verwachtingen over de wijze waarop ondernemingen negatieve milieueffecten moeten vermijden en aanpakken en moeten bijdragen aan de verwezenlijking van de doelstellingen inzake beperking van en aanpassing aan de klimaatverandering; het behoud, het herstel en het duurzame gebruik van biologische diversiteit; duurzaam, efficiënt en rechtmatig gebruik van grond, hulpbronnen en energie; duurzame consumptie en productie, onder meer door bevordering van circulaire-economiemethodiek; en preventie, vermindering en bestrijding van verontreiniging. Internationale verbintenissen, multilaterale overeenkomsten en andere regelgevende kaders vormen een belangrijke maatstaven voor het begrijpen van milieukwesties en -verwachtingen. Sommige internationale overeenkomsten bevatten collectieve overheidsdoelstellingen en bevatten mogelijk geen gedetailleerde voorschriften van de verantwoordelijkheden van individuele ondernemingen met betrekking tot dergelijke doelstellingen. In dergelijke gevallen zijn relevante regelgevende kaders, nationaal beleid en algemeen erkende normen voor milieubeheer en -waarborgen, en wetenschappelijk bewijs belangrijke referenties. De tekst van het hoofdstuk Milieu weerspiegelt de principes en doelen die zijn neergelegd in de Verklaring van Rio inzake milieu en ontwikkeling, Agenda 21 (in de Verklaring van Rio) en Agenda 2030 voor duurzame ontwikkeling van de Verenigde Naties. Ook is rekening gehouden met het Raamverdrag van de Verenigde Naties inzake klimaatverandering (UNFCCC), de Overeenkomst van Parijs, het Verdrag inzake biologische diversiteit, het Mondiaal Biodiversiteitskader Kunming-Montreal, relevante regionale verdragen inzake toegang tot informatie, inspraak van het publiek en justitie bij milieukwesties, het VN-Verdrag ter bestrijding van woestijnvorming, relevante regionale milieuovereenkomsten, en weerspiegelt normen die zijn opgenomen in instrumenten zoals de ISO-norm voor milieubeheersystemen, de prestatienormen inzake ecologische en sociale duurzaamheid van de Internationale Financieringsmaatschappij (IFC, en SAICM (Strategic Approach to International Chemicals Management, strategische aanpak van het internationale beheer van chemicaliën) de strategische aanpak van het internationale beheer van chemische stoffen.

67. In de context van deze *Richtlijnen* moet de uitdrukking 'milieubeheer' zo breed mogelijk worden opgevat; deze omvat activiteiten die gericht zijn op het begrijpen van milieueffecten en -risico's, het vermijden en aanpakken van milieueffecten die verband houden met de activiteiten, producten en diensten van een onderneming, waarbij rekening wordt gehouden met het aandeel van de onderneming in de cumulatieve effecten en voortdurend wordt getracht de milieuprestaties van een onderneming te verbeteren. Milieubeheer omvat ook het uitvoeren van op risico gebaseerde gepaste zorgvuldigheid met betrekking tot negatieve milieueffecten. Overeenkomstig hoofdstuk II zullen de aard en de omvang van de zorgvuldigheid op milieugebied afhangen van de omstandigheden van een bepaalde onderneming. Beperkingen op de uitvoering van gepaste zorgvuldigheid op milieugebied kunnen onder andere een gebrek aan beschikbaarheid van milieugegevens of -technologieën zijn. Gepaste zorgvuldigheid houdt ook risico-gebaseerde prioritering in. Het hangt ook af van de mate waarin de milieueffecten van de activiteiten, producten of diensten van de onderneming redelijkerwijs te voorzien zijn. Milieubeheer is een belangrijk onderdeel van duurzame ontwikkeling en kan gepaard gaan met het op elkaar laten aansluiten van een breed scala aan prioriteiten, waaronder die welke zijn vastgesteld in de nationale prioriteiten en streefdoelen voor duurzame ontwikkeling. Milieubeheer is zowel een zakelijke verantwoordelijkheid als een zakelijke kans. Multinationale ondernemingen spelen in beide opzichten een rol. Managers van deze ondernemingen moeten derhalve in hun bedrijfsstrategieën voldoende aandacht besteden aan milieukwesties. Om de milieuprestaties te verbeteren, moet worden gestreefd naar een systematische aanpak en een voortdurende verbetering van het systeem. Een milieubeheersysteem voorziet in het interne kader dat nodig is om milieuoverwegingen in de bedrijfsactiviteiten te integreren. Een dergelijk systeem moet aandeelhouders, werknemers, gemeenschappen en andere relevante belanghebbenden helpen te waarborgen dat de onderneming actief werkt aan de bescherming van het milieu tegen de negatieve gevolgen van haar activiteiten.

68. De openingsalinea van dit hoofdstuk bevat een niet-uitputtende lijst van negatieve gevolgen die met bedrijfsactiviteiten verband kunnen houden. Veel bedrijfsactiviteiten kunnen negatieve gevolgen hebben voor het milieu. Negatieve milieueffecten zijn significante veranderingen in het milieu of bodemleven die schadelijke gevolgen hebben voor de samenstelling, veerkracht, productiviteit of draagkracht van natuurlijke en beheerde ecosystemen, of voor de werking van sociaaleconomische systemen of mensen. Negatieve milieueffecten moeten worden beoordeeld in het licht van de beste beschikbare wetenschappelijke gegevens. Volgens de *Richtlijnen*, zoals beschreven in hoofdstuk II, "veroorzaakt" een onderneming een negatief milieueffect indien haar activiteiten op zichzelf voldoende zijn om tot de negatieve gevolgen te leiden. Een onderneming "draagt bij aan" een negatief milieueffect als haar activiteiten, in combinatie met de activiteiten van andere entiteiten, het effect veroorzaken of indien de activiteiten van de onderneming een andere entiteit ertoe aanzetten, faciliteren of aanmoedigen om een negatief effect te veroorzaken. Negatieve milieueffecten kunnen ook rechtstreeks verband houden met de bedrijfsactiviteiten, producten of diensten van een onderneming door een zakelijke relatie, ook al dragen zij niet bij aan die effecten.

69. Milieueffecten kunnen collectief en met elkaar verbonden zijn of geïsoleerd zijn; zij kunnen lokaal of grensoverschrijdend van aard zijn. Sommige milieueffecten worden goed begrepen, maar de omvang, de aard en de oorzaak van andere worden wellicht minder goed begrepen, evolueren of zijn zelfs onbekend. Hoewel het in sommige gevallen mogelijk zal zijn om op basis van de beschikbare wetenschap en informatie te beoordelen in welke mate een onderneming bijdraagt aan een negatief milieueffect, kan een dergelijke beoordeling in andere gevallen lastig uit te voeren zijn. In de context van deze laatste situatie moet voor de toepassing van de *Richtlijnen* bij de beoordeling van de bijdrage van een onderneming aan negatieve gevolgen rekening worden gehouden met de mate waarin haar activiteiten in overeenstemming zijn met algemeen erkende normen, milieubeheerprocessen en waarborgen met betrekking tot goede milieupraktijken; maatstaven en normen die zijn vastgesteld in de toepasselijke milieuvoorschriften en regelgevingskaders; en relevante internationale overeenkomsten.

70. Negatieve milieueffecten zijn vaak nauw verbonden met andere aangelegenheden die onder de *Richtlijnen* vallen, zoals veiligheid en gezondheid, gevolgen voor werknemers en gemeenschappen, toegang tot bestaansmiddelen of grondgebruiksrechten. Bovendien zal bij de uitvoering van gepaste zorgvuldigheid op milieugebied en het beheer van negatieve milieueffecten vaak rekening worden gehouden met meerdere milieu-, sociale en ontwikkelingsprioriteiten. In de preambule van de Overeenkomst van Parijs wordt met name rekening gehouden met de noodzaak van een rechtvaardige transitie voor de beroepsbevolking en van het scheppen van fatsoenlijk werk en hoogwaardige banen in overeenstemming met nationaal vastgestelde ontwikkelingsprioriteiten, en wordt erkend dat de partijen bij hun optreden om klimaatverandering tegen te gaan hun respectieve verplichtingen om de klimaatverandering aan te pakken moeten eerbiedigen, bevorderen en in aanmerking nemen. In dit verband is het belangrijk dat ondernemingen sociale effecten beoordelen en aanpakken in het kader van hun activiteiten op het gebied van milieubeheer en gepaste zorgvuldigheid, en maatregelen nemen om dergelijke negatieve gevolgen te voorkomen en te beperken, zowel bij het afstappen van milieuschadelijke praktijken als bij de transitie naar groenere industrieën of praktijken, zoals het gebruik van hernieuwbare energie. Het zal in dit verband belangrijk zijn de arbeidsrechten te eerbiedigen, met inbegrip van het voeren van een sociale dialoog en collectieve onderhandelingen, zoals uiteengezet in hoofdstuk V, betekenisvol overleg te plegen met relevante belanghebbenden en, in voorkomend geval, verantwoorde terugtrekking toe te passen, zoals uiteengezet in hoofdstuk II.

71. Het opzetten van een milieubeheersysteem kan niet alleen de milieuprestaties verbeteren, maar ook economische voordelen opleveren voor ondernemingen door lagere exploitatie- en verzekeringskosten, een beter behoud van energie en hulpbronnen, lagere nalevings- en aansprakelijkheidskosten, meer duurzaamheid en veerkracht, betere toegang tot kapitaal en vaardigheden, betere klanttevredenheid en betere betrekkingen met de gemeenschap en het publiek.

72. Communicatie over milieueffecten die verband houden met de activiteiten, producten en diensten van een onderneming, alsook betekenisvolle betrokkenheid van belanghebbenden, is een onderdeel van gepaste zorgvuldigheid en kan ook wettelijk verplicht worden gesteld. Rapportagestandaarden zoals het Global Reporting Initiative en andere normen voor milieuverslaglegging zijn nuttige referentiepunten. Zie ook hoofdstuk III over informatieverstrekking. Betekenisvolle betrokkenheid en communicatie met belanghebbenden zoals werknemers, klanten, investeerders, leveranciers, aannemers, lokale gemeenschappen, personen of groepen in een kwetsbare of marginale situatie, personen met bijzondere rechten of legitieme landeigendomsrechten, en inheemse volkeren, en met het grote publiek is van bijzonder belang wanneer zij door dergelijke gevolgen worden of kunnen worden getroffen en wanneer er in een regionale, nationale of internationale context schaarse of bedreigde milieuactiva op het spel staan.

73. Ondernemingen worden aangemoedigd om duurzame consumptie- en productiepatronen in te voeren, onder meer door doelmatig gebruik van hulpbronnen, circulaire economie en andere modellen. Door middel van dergelijke praktijken kunnen ondernemingen hun negatieve milieueffecten aanzienlijk verminderen. Doelmatig gebruik van hulpbronnen bevordert een efficiënter en doeltreffender gebruik van hulpbronnen en materialen, onder meer door een milieuvriendelijke grondstoffenvoorziening. Voorts zijn methoden uit de circulaire economie in voorkomend geval relevant als een van de beschikbare middelen om duurzame ontwikkeling tot stand te brengen. Volgens nationale prioriteiten en omstandigheden is een circulaire economie een model waarin producten en materialen zodanig worden ontworpen dat ze kunnen worden hergebruikt, gerepareerd, gereviseerd, gerecycled of teruggewonnen en dus zo lang mogelijk in de economie kunnen worden gehouden, samen met de hulpbronnen waaruit zij zijn vervaardigd, en waarin de productie van afval, met name gevaarlijk afval, wordt vermeden of tot een minimum wordt beperkt en de uitstoot van broeikasgassen wordt voorkomen en verminderd.

74. Het uitgangspunt van de *Richtlijnen* is dat ondernemingen zo snel mogelijk en proactief moeten optreden om negatieve milieueffecten te voorkomen.

75. De *Richtlijnen* zijn niet bedoeld om bestaande instrumenten opnieuw te interpreteren of nieuwe toezeggingen of precedenten voor overheden te creëren - zij zijn alleen bedoeld om aan te bevelen hoe de voorzorgsbenadering op het niveau van de ondernemingen moet worden toegepast. Erkend wordt dat bij de toepassing van deze benadering enige flexibiliteit nodig is, op basis van de specifieke context waarin zij wordt toegepast. Ook wordt erkend dat regeringen het basiskader op dit gebied bepalen in het licht van hun capaciteiten en zij de verantwoordelijkheid hebben om regelmatig overleg te plegen met de belanghebbenden over de meest geschikte manieren om verder te gaan, met het oog op transparantie en een wetenschappelijk onderbouwde aanpak.

76. Ondernemingen spelen een belangrijke rol bij het bijdragen tot broeikasgasneutraliteit en een klimaatbestendige economie, die nodig zijn om internationaal overeengekomen doelstellingen inzake beperking van en aanpassing aan de klimaatverandering te verwezenlijken. Tijdens het transitieproces naar broeikasgasneutraliteit zullen veel bedrijfsactiviteiten gepaard gaan met een zekere uitstoot van broeikasgassen of een vermindering van koolstofputten. Ondernemingen moeten ervoor zorgen dat hun broeikasgasemissies en het effect op koolstofputten in overeenstemming zijn met internationaal overeengekomen mondiale temperatuurdoelstellingen op basis van de beste beschikbare wetenschappelijke gegevens, onder meer zoals beoordeeld door de Intergouvernementele Werkgroep inzake klimaatverandering (IPCC).

77. Dit omvat de invoering en uitvoering van wetenschappelijk onderbouwde beleidsmaatregelen, strategieën en transitieplannen inzake vermindering van en adaptatie aan klimaatverandering, alsook de vaststelling, uitvoering, monitoring en rapportage van mitigatiestreefcijfers voor de korte, middellange en lange termijn. Deze streefcijfers moeten wetenschappelijk onderbouwd zijn, absolute en, waar relevant, op intensiteit gebaseerde doelstellingen voor broeikasgasreductie omvatten en rekening houden met scope 1 en 2, en, voor zover mogelijk op basis van de beste beschikbare informatie, de scope 3 broeikasgasemissies. Het zal belangrijk zijn om regelmatig verslag uit te brengen over de adequaatheid

en relevantie van de doelstellingen en deze regelmatig te evalueren en bij te werken, op basis van de meest recente beschikbare wetenschappelijke gegevens en naarmate verschillende nationale of sectorspecifieke transitietrajecten worden ontwikkeld en geactualiseerd. Ondernemingen moeten voorrang geven aan het elimineren of verminderen van emissiebronnen boven offsetting-, compensatie- of neutralisatiemaatregelen. Koolstofkredieten of -compensaties kunnen als laatste redmiddel worden beschouwd voor het aanpakken van niet-verminderde emissie. Koolstofkredieten of -compensaties moeten een hoge milieu-integriteit hebben en mogen niet de aandacht afleiden van de noodzaak om de emissies te verminderen en mogen niet bijdragen aan het vergrendelen van broeikasgasintensieve processen en infrastructuur. Ondernemingen moeten openbaar verslag uitbrengen over hun afhankelijkheid van, en relevante kenmerken van, koolstofkredieten of -compensaties. Deze rapportage moet losstaan van en een aanvulling vormen op de rapportage over emissiereductie.

78. Het inzetten van invloed en verstrekking van technologie onder wederzijds aanvaardbare voorwaarden, technische bijstand en financiering voor leveranciers en andere zakelijke relaties voor inspanningen op het gebied van klimaatmitigatie en -adaptatie zullen van cruciaal belang zijn om de doelstellingen te halen en de effecten aan te pakken.

79. Het verwezenlijken van klimaatbestendigheid en klimaatadaptatie is een cruciaal onderdeel van de mondiale langetermijnrespons op klimaatverandering om mensen en ecosystemen te beschermen en vereist de inzet en ondersteuning van alle geledingen van de samenleving. Ondernemingen moeten activiteiten vermijden die de klimaataanpassing aan en de veerkracht van gemeenschappen, werknemers en ecosystemen ondermijnen.

80. Het behoud van de biodiversiteit en het duurzame beheer en gebruik van natuurlijke hulpbronnen en ecosystemen, waaronder bijvoorbeeld bossen, oceanen, veengebieden en moerasgebieden, zijn van groot belang voor de menselijke gezondheid en bestaansmiddelen, overleving van soorten en mitigatie van en aanpassing aan de klimaatverandering. Ondernemingen moeten bijdragen aan het behoud van de biodiversiteit, het duurzame gebruik van de bestanddelen ervan en de eerlijke en billijke verdeling van de voordelen die voortvloeien uit het gebruik van genetische hulpbronnen. Ondernemingen moeten ook aantasting van land, zee- en zoet water, met inbegrip van ontbossing, voorkomen en aanpakken, in overeenstemming met de duurzame ontwikkelingsdoelen van de VN, met name 15.2, het strategisch plan van de VN voor bossen 2017-2030 en de verklaring van de leiders van Glasgow van 2021 over bossen en landgebruik, die tot doel hebben het verlies van bossen en bodemdegradatie tegen 2030 een halt toe te roepen en om te buigen. De inspanningen moeten onder meer inhouden dat er meer gepaste zorgvuldigheid wordt toegepast met betrekking tot de mogelijke negatieve gevolgen voor de biodiversiteit in nationale parken, reservaten en andere beschermde gebieden, met inbegrip van de natuurlijke werelderfgoedlocaties van de Unesco, gebieden die beschermd zijn in het kader van het Verdrag inzake biologische diversiteit en zoals gedefinieerd in nationale wetgeving, alsook voor beschermde soorten. In voorkomend geval en overeenkomstig hun eigen capaciteiten en nationale wetgeving van de locatie waar zij actief zijn, moeten ondernemingen ook bijdragen aan duurzaam land- en bosbeheer, met inbegrip van herstel, bebossing en herbebossing, inclusief de vermindering van de aantasting van land, zee- en zoet water. De inspanningen van ondernemingen om negatieve gevolgen voor de biodiversiteit te voorkomen of te beperken, moeten worden geleid door de mitigatiehiërarchie voor biodiversiteit, waarin wordt aanbevolen eerst te trachten schade aan de biodiversiteit te voorkomen, deze schade te verminderen of tot een minimum te beperken wanneer vermijding niet mogelijk is, en compensaties en herstel te gebruiken als laatste redmiddel voor nadelige gevolgen die niet kunnen worden vermeden.

81. Negatieve milieueffecten, met name in de context van biodiversiteit en bodemdegradatie, zee- en zoetwaterdegradatie, kunnen verband houden met een verantwoord beheer van grondbezit, bossen en visserij. Zoals opgemerkt in de vrijwillige richtsnoeren voor een verantwoord beheer van bodem- en landgebruik, visgronden en bossen in de context van de nationale voedselzekerheid (VGGT's), kan een verantwoord beheer van grondbezit, bossen en visserij een rol spelen bij de ondersteuning van duurzaam gebruik van het milieu. In dit verband roepen de VGGT's op tot investeringen die geen schade berokkenen

en die beschermen tegen de vervreemding van legitieme houders van landeigendomsrechten en milieuschade.

82. De *Richtlijnen* moedigen ondernemingen ook aan zich in te zetten voor de verbetering van de milieuprestaties in alle onderdelen van hun activiteiten, zelfs wanneer dit niet formeel vereist is op grond van de bestaande praktijk in de landen waar zij actief zijn. In dit verband moeten ondernemingen terdege rekening houden met hun sociale en economische impact voor ontwikkelingslanden.

83. Zo hebben multinationale ondernemingen vaak toegang tot bestaande en innovatieve technologieën of operationele procedures die, indien zij worden toegepast, de milieuprestaties in het algemeen kunnen helpen verbeteren. Multinationale ondernemingen worden vaak als leiders op hun specifieke gebied gezien, zodat hun potentiële voorbeeldfunctie voor andere ondernemingen niet mag worden onderschat. Er voor zorg dragen dat het milieu in de landen waar multinationale ondernemingen actief zijn ook profiteert van de beschikbare en innovatieve technieken en toepassingen is een belangrijk hulpmiddel om een bredere steun voor internationale investeringsactiviteiten op te bouwen.

84. Ondernemingen spelen een belangrijke rol bij de opleiding en training van hun werknemers en andere belanghebbenden op het gebied van milieubeheer. Zij worden aangemoedigd deze verantwoordelijkheid zo breed mogelijk uit te oefenen, met name op gebieden die rechtstreeks verband houden met de menselijke gezondheid en veiligheid. Ondernemingen moeten ook hun milieubeleid, -vereisten en -normen op een duidelijke en toegankelijke manier bekendmaken aan hun zakelijke relaties.

85. Ondernemingen moeten zich houden aan dierenwelzijnsnormen die zijn afgestemd op de Terrestrial Code (gezondheidscode voor landdieren) van de Wereldorganisatie voor diergezondheid (OIE). Een dier ervaart goed welzijn als het gezond, comfortabel, goed gevoed en veilig is, niet lijdt aan onaangename toestanden zoals pijn, angst en spanning en gedrag kan uitdrukken dat belangrijk is voor zijn lichamelijke en geestelijke toestand. Een goed dierenwelzijn vereist ziektepreventie en passende diergeneeskundige zorg, onderdak, beheer en voeding, een stimulerende en veilige omgeving, humane omgang en humaan slachten of doden. Bovendien moeten ondernemingen zich houden aan de richtsnoeren voor het vervoer van levende dieren die zijn opgesteld door relevante internationale organisaties.

VII. Bestrijding van omkoping en andere vormen van corruptie

Negatieve gevolgen voor aangelegenheden die onder de *Richtlijnen* vallen, worden vaak door corruptie in de hand gewerkt. Als zodanig draagt de uitvoering door een onderneming van doeltreffende anticorruptiemaatregelen in belangrijke mate bij aan het vermijden van andere negatieve gevolgen die onder de *Richtlijnen* vallen. Ondernemingen mogen zich niet schuldig maken aan omkoping of andere vormen van corruptie.

In het bijzonder behoren ondernemingen:

1. Zich niet schuldig te maken aan corruptie, met inbegrip van het aanbieden, beloven of geven van enig onredelijk financieel of ander voordeel aan overheidsfunctionarissen of werknemers van personen of entiteiten waarmee een onderneming een zakelijke relatie heeft, of aan hun verwanten of zakenpartners. Evenzo mogen ondernemingen geen onverschuldigde geldelijke of andere voordelen verlangen, aanvaarden of instemmen met het aanvaarden ervan van overheidsfunctionarissen of werknemers van personen of entiteiten waarmee een onderneming een zakelijke relatie heeft. Ze behoren geen gebruik te maken van derden of andere tussenpersonen, zoals agenten, consultants, vertegenwoordigers, distributeurs, consortia, aannemers en leveranciers en joint venture partners, als middel om onverschuldigde geldelijke of andere voordelen door te sluizen naar overheidsfunctionarissen of naar werknemers van personen of entiteiten waarmee een onderneming een zakelijke relatie heeft, of naar hun verwanten of zakenpartners.
2. Adequate programma's of maatregelen voor interne controle, ethiek en compliance te ontwikkelen of aan te wenden om omkoping en andere vormen van corruptie op adequate wijze te voorkomen, te signaleren en aan te pakken, die ontwikkeld zijn op basis van een risicoanalyse die de individuele omstandigheden van de onderneming, in het bijzonder de risico's op omkoping en andere vormen van corruptie waarmee de onderneming geconfronteerd wordt (zoals zijn geografische ligging en bedrijfssector, andere kwesties in verband met maatschappelijk verantwoord ondernemen, regelgeving, het soort zakelijke relaties, transacties met buitenlandse overheden en het gebruik van derden), in ogenschouw neemt. Deze programma's of maatregelen voor interne controle, ethiek en compliance dienen een systeem van financiële en boekhoudkundige procedures, waaronder een systeem van interne controle, te bevatten dat zodanig is ontwikkeld dat boekhouding, registers van belangenconflicten, verslagen en rekeningen juist en accuraat zijn en niet gebruikt kunnen worden voor omkoping of andere vormen van corruptie of het maskeren van omkoping of andere vormen van corruptie. Dergelijke individuele omstandigheden en risico's behoren regelmatig bezien en geëvalueerd te worden om de toewijzing van middelen voor compliance te bepalen en ervoor te zorgen dat de programma's of maatregelen van de onderneming voor interne controle, ethiek en compliance toepasbaar en effectief blijven en zodat risico's voor de onderneming op het betrokken raken bij omkoping of andere vormen van corruptie verminderd worden. Deze programma's of maatregelen voor interne controle, ethiek en compliance ter voorkoming en opsporing van alle vormen van corruptie moeten ook het uitvoeren van op risico's gebaseerde gepaste zorgvuldigheid omvatten, zoals beschreven in hoofdstuk II.

3. Het gebruik van kleine, faciliterende betalingen, die over het algemeen illegaal zijn in het land waar ze gedaan worden, in hun programma's of maatregelen voor interne bedrijfscontrole, ethiek en compliance te verbieden of te ontmoedigen, en, wanneer zulke betalingen gedaan worden, deze accuraat in de boekhoudingen en financiële verslagen op te nemen.
4. Zeker te stellen dat, de specifieke risico's voor de onderneming op omkoping en andere vormen van corruptie in ogenschouw nemend, degelijk gedocumenteerde gepaste zorgvuldigheid op het inhuren van tussenpersonen, evenals gepaste en regelmatige controle op tussenpersonen, en dat hun beloning redelijk is en uitsluitend voor rechtmatige activiteiten. Indien relevant behoort een geactualiseerde lijst te worden bijgehouden van tussenpersonen die in verband met transacties met overheden en staatsondernemingen worden ingeschakeld, en aan de bevoegde autoriteiten ter beschikking te worden gesteld in overeenstemming met geldende vereisten voor publieke openbaarmaking. Ondernemingen moeten maatregelen nemen om ervoor te zorgen dat hun tussenpersonen geen illegale invloed uitoefenen en professionele normen naleven in hun betrekkingen met overheidsfunctionarissen.
5. De transparantie van hun activiteiten in de strijd tegen omkopingen en andere vormen van corruptie te verbeteren en een cultuur van integriteit te bevorderen. De maatregelen kunnen onder meer betrekking hebben op i) sterke, expliciete en zichtbare steun en inzet van de raad van bestuur of een gelijkwaardig bestuursorgaan en het hoger management voor de programma's voor interne controle, ethiek en compliance van de onderneming; ii) een duidelijk geformuleerd en zichtbaar ondernemingsbeleid dat omkoping en andere vormen van corruptie verbiedt en gemakkelijk toegankelijk is voor alle werknemers en relevante derden, waaronder buitenlandse dochterondernemingen, agenten en andere tussenpersonen; iii) beheersystemen en programma's of maatregelen voor interne controle, ethiek en compliance bekend maken die de ondernemingen toepassen om deze uitspraken waar te maken. Ook dienen ondernemingen openheid en een dialoog met het publiek na te streven, om bewustwording en samenwerking in de strijd tegen omkoping, en andere vormen van corruptie te vergroten. Ondernemingen worden aangemoedigd om, onverminderd de nationale wetten en voorschriften, elk wangedrag in verband met omkoping en andere vormen van corruptie bekend te maken, evenals de maatregelen die zijn genomen om gevallen van vermoedelijke omkoping en andere vormen van corruptie aan te pakken. Deze maatregelen kunnen bestaan uit, maar zijn niet beperkt tot, processen voor het opsporen, onderzoeken en melden van wangedrag en het daadwerkelijk en proactief samenwerken met rechtshandhavingsinstanties.
6. De bewustwording en naleving van het beleid en de programma's of maatregelen van de onderneming voor interne controle, ethiek en compliance tegen omkoping of andere vormen van corruptie bij het personeel en personen of entiteiten die verbonden zijn door middel van een zakelijke relatie te bevorderen, door afdoende bekendheid te geven aan dergelijk beleid, programma's of maatregelen en door middel van het opzetten van trainingsprogramma's en disciplinaire procedures die rekening houden met de toepasselijke belemmeringen op het gebied van taal, cultuur en technologie.
7. Geen onwettige financiële bijdrage te verlenen aan kandidaten voor publieke functies, politieke partijen of andere organisaties die banden hebben met politieke partijen of politieke kandidaten. Politieke bijdragen behoren volledig te voldoen aan de nationale wetgeving, met inbegrip van de eisen voor openbaarheid en behoren door het hoger management te worden goedgekeurd. Dit houdt in dat werknemers niet verplicht zijn een politieke kandidaat of een politieke organisatie te steunen.

Toelichting op hoofdstuk VII: Bestrijding van omkoping en andere vormen van corruptie

86. De begrippen omkoping en andere vormen van corruptie moeten in overeenstemming met de onderstaande instrumenten worden geïnterpreteerd. Corruptie omvat omkoping van overheidsfunctionarissen of werknemers van personen of entiteiten die verbonden zijn door middel van een zakelijke relatie. Het kan ook handel in beïnvloeding, verduistering en misbruik van sponsoring en liefdadigheidsdonaties omvatten. Ondernemingen behoren geen steekpenningen of andere niet-gerechtvaardigde voordelen direct of indirect aan te bieden, toe te zeggen, te geven of te eisen om opdrachten of andere ongeoorloofde voordelen te verwerven of te behouden. Ondernemingen behoren ook verzoeken tot omkoping en afpersing te weerstaan. Hoewel een belangenconflict niet ipso facto corruptie is, wordt steeds meer erkend dat conflicten tussen de private belangen en de publieke taken van overheidsfunctionarissen, indien zij onvoldoende worden beheerd, mogelijk tot corruptie kunnen leiden. Het Verdrag inzake Bestrijding van Omkoping van Buitenlandse Ambtenaren bij Internationale Zakentransacties [OECD/LEGAL/0293] (het Anti-Corruptie Verdrag van de OESO) is op 15 februari 1999 in werking getreden. Het Anti-Corruptie Verdrag van de OESO vormt samen met de Aanbeveling tot Verdere Bestrijding van Omkoping van Buitenlandse Ambtenaren [OECD/LEGAL/0378] (de Anti-Corruptie Aanbeveling), de Aanbeveling voor Belastingmaatregelen ter Verdere Bestrijding van Omkoping van Buitenlandse Ambtenaren [OECD/LEGAL/0371], de Aanbeveling inzake Corruptie en Overheidssteun bij Exportkredieten [OECD/LEGAL/0447] en de Aanbeveling voor Actoren in Ontwikkelingssamenwerking inzake het beheersen van het corruptierisico [OECD/LEGAL/0431], de belangrijkste OESO-instrumenten die de aanbodzijde van de buitenlandse omkooptransactie aanpakken. Deze instrumenten zijn er samen op gericht een einde te maken aan de 'levering' van steekpenningen aan buitenlandse overheidsfunctionarissen, waarbij elk land de verantwoordelijkheid op zich neemt voor de activiteiten van zijn ondernemingen en wat er binnen zijn eigen rechtsgebied gebeurt.[5] Een programma voor streng en systematisch toezicht op de uitvoering door landen van het Anti-Corruptie Verdrag van de OESO en de gerelateerde instrumenten is opgezet om de volledige uitvoering ervan te bevorderen. Andere vormen van corruptie en integriteitsrisico's komen ook aan bod in de *Recommendation on Public Integrity* (Aanbeveling inzake publieke integriteit) [OECD/LEGAL/0435]; the *Recommendation on Principles for Transparency and Integrity in Lobbying* (Aanbeveling betreffende de beginselen voor transparantie en integriteit bij lobbying] [OECD/LEGAL/0379]; the *Recommendation on OECD Guidelines for Managing Conflict of Interest in the Public Service* (de Aanbeveling bij de OESO-richtlijnen voor de omgang met belangenconflicten bij overheidsdiensten) [OECD/LEGAL/0316] en *de Recommendation on Guidelines on Anti-Corruption and Integrity in State- Owned Enterprises* (Aanbeveling betreffende richtlijnen voor corruptiebestrijding en integriteit in staatsbedrijven) [OECD/LEGAL/0451].

---

[5] In het Anti-Corruptie Verdrag van de OESO wordt het strafbare feit van buitenlandse omkoping gedefinieerd als "het rechtstreeks of via tussenpersonen aanbieden, toezeggen of geven van een ongepast financieel of ander voordeel aan een buitenlandse overheidsfunctionaris, ten gunste van die functionaris of een derde partij, om te bewerkstelligen dat de functionaris iets doet of nalaat in relatie tot de uitvoering van zijn officiële functie, teneinde opdrachten of andere ongepaste voordelen bij internationale zakelijke transacties te verkrijgen of te behouden". In de toelichting bij het Verdrag (punt 9) wordt verklaard dat "kleine 'bevorderingsbetalingen', ook wel faciliterende betalingen, geen betalingen vormen die worden gedaan 'om opdrachten of andere ongepaste voordelen bij internationale zakelijke transacties te verkrijgen of te behouden' zoals bedoeld in punt 1, en derhalve niet in strijd zijn met het Verdrag. Dergelijke betalingen, die in sommige landen worden gedaan om functionarissen aan te sporen hun functie te vervullen, zoals het verstrekken van vergunningen, zijn in het algemeen illegaal in het desbetreffende land. Andere landen kunnen en moeten dit ondermijnende verschijnsel aanpakken door bijvoorbeeld ondersteuning van programma's ter bevordering van goede bestuurspraktijken. De Anti-Corruptie Aanbeveling (hoofdstuk XIV.i) beveelt overheden aan om "zich ertoe te verbinden hun beleid en aanpak inzake kleine faciliterende betalingen periodiek te herzien om dit verschijnsel doeltreffend te bestrijden."

87. Corruptie is schadelijk voor de democratische instellingen en het ondernemingsbestuur. Het ontmoedigt investeringen en verstoort internationale concurrentieverhoudingen. Afgezien van de economische impact kan corruptie schadelijke gevolgen hebben, waaronder het ondermijnen van de mondiale stabiliteit, gebrek aan handhaving van milieunormen en arbeidsrechten, of het leveren van goederen die niet aan de normen voldoen. Verduistering van gelden door corrupte praktijken ondermijnt in het bijzonder de pogingen van burgers om tot een hoger niveau van economisch, sociaal en ecologisch welzijn te komen. Corruptie treft personen die tot gemarginaliseerde of kwetsbare groepen of bevolkingsgroepen behoren onevenredig zwaar en kan genderongelijkheid verergeren. Ondernemingen kunnen een belangrijke rol in de bestrijding van deze praktijken spelen door onder meer rekening te houden met overlappende vormen van structurele discriminatie op grond van etniciteit, ras, geslacht en seksuele geaardheid bij het opzetten van controle-, ethische en complianceprogramma's.

88. Fatsoen, integriteit en transparantie in zowel het publieke als private domein zijn sleutelconcepten in de strijd tegen omkoping en andere vormen van corruptie. Het bedrijfsleven, niet-gouvernementele organisaties, regeringen en intergouvernementele organisaties werken allemaal samen om de publieke steun voor anti-corruptiemaatregelen te versterken en om de transparantie en de publieke aandacht voor het probleem van corruptie en omkoping te vergroten. De invoering van adequate bestuurspraktijken is eveneens een essentieel middel om een ethische cultuur in de onderneming tot stand te brengen.

89. De Anti-Corruptie Aanbeveling beveelt overheden in het bijzonder aan hun ondernemingen aan te moedigen effectieve programma's en maatregelen voor interne controle, ethiek en naleving te ontwikkelen en aan te wenden ten behoeve van het voorkomen en opsporen van omkoping in het buitenland, daarbij de Good Practice Guidance on Internal Controls, Ethics and Compliance, die als Bijlage II aan de Anti-Corruptie Aanbeveling is gevoegd, in acht nemend. Deze Good Practice Guidance is gericht aan ondernemingen, waaronder zowel staatsbedrijven als zakelijke organisaties en professionele verenigingen en markeert goede praktijkvoorbeelden die de effectiviteit van hun programma's en maatregelen voor interne controle, ethiek en naleving ten behoeve van het voorkomen en opsporen van omkoping in het buitenland, waaronder bescherming van melders, zeker stellen. Deze is flexibel en is bedoeld om door ondernemingen, met name het midden- en kleinbedrijf, te worden aangepast aan hun individuele omstandigheden, met inbegrip van hun omvang, type, juridische structuur en geografische en industriële sector, alsook aan de rechtsbevoegdheid en andere fundamentele rechtsbeginselen op grond waarvan zij opereren. Daarnaast moeten voor de toepassing van deze *Richtlijnen* de interne controles, ethische en complianceprogramma's of maatregelen in verband met corruptie ook het uitvoeren van op risico gebaseerde gepaste zorgvuldigheid omvatten in overeenstemming met de aanbevelingen in hoofdstuk II.

90. Collectieve actie en betekenisvolle samenwerking met lokale en internationale maatschappelijke organisaties, bedrijven, beroepsverenigingen en internationale organisaties kunnen ondernemingen ook helpen bij het beter opstellen en implementeren van een doeltreffend anticorruptiebeleid voor ondernemingen en de corruptierisico's die een onderneming niet in haar eentje kan oplossen te beperken.

91. De Conventie tegen Corruptie van de Verenigde Naties (UNCAC), die op 14 december 2005 in werking trad, schetst een breed palet aan normen, maatregelen en regels voor de strijd tegen corruptie Onder deze conventie zijn de VN-lidstaten verplicht hun ambtenaren te verbieden steekpenningen aan te nemen en hun ondernemingen te verbieden ambtenaren, ook die van internationale publieke organisaties, uit eigen land en het buitenland om te kopen, en beveelt aan het verbieden van corruptie bij private partijen onderling te overwegen. Deze conventie van de VN en het Anti-Corruptie Verdrag van de OESO ondersteunen elkaar en vullen elkaar aan.

92. Goede bestuurspraktijken vormen een belangrijk element bij het aanpakken van de vraagzijde van omkoping, om te voorkomen dat ondernemingen worden verzocht steekpenningen te betalen. Zowel thuis- als gastlanden behoren ondernemingen bij te staan indien zij geconfronteerd worden met verzoeken om omkoping of andere vormen van corruptie, het bewustzijn te vergroten en relevante overheidsfunctionarissen te trainen, te overwegen initiatieven voor collectieve actie met

vertegenwoordigers van de private en de publieke sector en maatschappelijke organisaties te bevorderen en, in voorkomend geval, gecoördineerde acties te ondernemen om het vragen en aanvaarden van steekpenningen aan te pakken. De Good Practice Guidance on Specific Articles of the Convention in Bijlage II van de Aanbeveling inzake de bestrijding van omkoping vermeldt dat het Anti-Corruptie Verdrag van de OESO zodanig moet worden uitgevoerd dat het geen verweer of uitzondering biedt wanneer een buitenlandse overheidsfunctionaris om omkoping verzoekt. Voorts schrijft het UNCAC voor dat het vragen om steekpenningen door nationale overheidsfunctionarissen strafbaar moet worden gesteld.

VIII. Consumentenbelangen

In hun relaties met consumenten behoren ondernemingen eerlijke praktijken toe te passen bij de uitoefening van hun activiteiten inzake handel, marketing en reclame en alle redelijke maatregelen te treffen om de kwaliteit en betrouwbaarheid van de goederen en diensten die zij leveren, te waarborgen. In het bijzonder behoren zij:

1. Te waarborgen dat de goederen en diensten die zij leveren, voldoen aan alle overeengekomen of voorgeschreven normen ten aanzien van de gezondheid en veiligheid van de consumenten, met inbegrip van die normen inzake waarschuwingen voor de gezondheid en de productveiligheid, en geen onredelijk risico voor de gezondheid of veiligheid van de consument vormen bij te voorzien gebruik of te voorzien oneigenlijk gebruik of misbruik.
2. Juiste, verifieerbare en duidelijke informatie te verschaffen, waaronder informatie over prijzen en, waar toepasselijk, over samenstelling, gebruiksveiligheid, milieuvriendelijkheid, onderhoud, opslag, verwijdering van goederen en diensten, en relevante meldingen in verband met e-commerce, zoals privacykwesties, en informatie over beschikbare geschillenbeslechtings- en verhaalmogelijkheden, zodat de consumenten gefundeerde keuzes kunnen maken. De informatie moet in eenvoudige taal, op begrijpelijke en gemakkelijk toegankelijke wijze worden gepresenteerd, waarbij ook rekening moet worden gehouden met de behoefte aan toegankelijkheid voor consumenten met een beperking. Indien mogelijk behoort de informatie verschaft te worden op een wijze die het vergelijken van producten door consumenten bevorderd.
3. Consumenten toegang tot eerlijke, gebruiksvriendelijke, tijdige en doeltreffende procedures te verschaffen voor de behandeling van en schadeloosstelling bij klachten, zonder nodeloze kosten of formaliteiten.
4. Zich te onthouden van beweringen of het weglaten van informatie, noch zich in te laten met andere praktijken die bedrieglijk, misleidend, frauduleus of oneerlijk zijn of die anderszins de keuze van de consument hinderen op een wijze die de consument of de concurrentie schaadt.
5. Inspanningen ter promotie van consumentenvoorlichting op gebieden die verbonden zijn aan hun zakelijke activiteiten te ondersteunen met, onder andere, als doel het verbeteren van de mogelijkheid van consumenten om: i) gefundeerde beslissingen over complexe goederen, diensten en markten te maken; ii) economische, milieugerelateerde en sociale effecten van hun beslissingen beter te begrijpen; en iii) duurzame consumptie aan te moedigen.
6. De privacy van de consument te beschermen door ervoor te zorgen dat de bedrijfspraktijken met betrekking tot de verzameling en het gebruik van consumentengegevens rechtmatig, transparant en eerlijk zijn, de deelname en keuze van de consument mogelijk maken en alle redelijke maatregelen te nemen om de veiligheid te waarborgen van de persoonsgegevens die zij verzamelen, opslaan, verwerken of verspreiden.
7. Volledig met de autoriteiten samen te werken om bedrieglijke marketingpraktijken (waaronder misleidende reclame en commerciële fraude) te voorkomen en te bestrijden, en om ernstige bedreigingen van de volksgezondheid of -veiligheid of het milieu, die voortvloeien uit de consumptie of het gebruik van hun producten, te voorkomen of te verminderen.

8. Bij het toepassen van bovenstaande principes: i) de noden van consumenten, met name mogelijk kwetsbare en achtergestelde consumenten en ii) de specifieke uitdagingen die e-commerce kan opwerpen voor consumenten in overweging te nemen.

Toelichting op hoofdstuk VIII: Consumentenbelangen

93. Het hoofdstuk van de *Richtlijnen* voor consumentenbelangen steunt op het werk van het OESO Comité voor Consumentenbeleid en het OESO Comité voor Financiële Markten, relevante OESO-normen op het gebied van consumentenbescherming, evenals het werk van andere organisaties waaronder de Internationale Kamer van Koophandel, de Internationale Organisaties voor Standaardisering (ISO) en de Verenigde Naties, waaronder het Milieuprogramma van de VN (dat wil zeggen, de VN-Richtlijnen voor Consumentenbeleid) en relevante instrumenten, waaronder de Advertising and Marketing Communications Code for global advertising and responsible marketing (Code voor reclame en marketing voor wereldwijde reclame en verantwoorde marketing), Internationale Kamer van Koophandel.

94. Het hoofdstuk erkent dat consumententevredenheid en aanverwante belangen een fundamentele basis vormen voor succesvol opereren voor ondernemingen. Het erkent evenzo dat consumentenmarkten voor goederen en diensten in de loop der tijd significante veranderingen hebben ondergaan. Hervorming van regelgeving, meer open mondiale markten, de ontwikkeling van nieuwe technologieën die digitale en financiële diensten hebben veranderd en de groei in consumentendiensten hebben sleutelrollen in die veranderingen gespeeld, waarbij consumenten door de toegenomen open concurrentie van meer keuze en andere voordelen zijn voorzien. Tegelijkertijd hebben de snelheid van deze veranderingen en de toegenomen complexiteit van vele markten het over het algemeen moeilijker gemaakt voor consumenten om goederen en diensten met elkaar te vergelijken en te evalueren. Daarbij is de demografie van consumenten in verloop van tijd ook veranderd. Kinderen worden steeds belangrijkere spelers op de markt, evenals de groeiende groep senioren. Hoewel consumenten over de hele linie meer kennis hebben dan voorheen, zijn er nog velen die de taal- en rekenvaardigheid missen die tegenwoordig nodig is op de complexe, informatie-intensieve marktplaats. Veel consumenten zijn voorts in toenemende mate geïnteresseerd in de positie en activiteiten van ondernemingen op een breed palet aan economische, sociale en milieugerelateerde onderwerpen en nemen die mee in hun overwegingen bij de keuze voor bepaalde goederen en diensten.

95. De openingszin roept ondernemingen op om eerlijke ondernemings-, marketing- en adverteerpraktijken te hanteren en de kwaliteit en betrouwbaarheid van hun producten zeker te stellen. Deze principes zijn van toepassing op zowel goederen als diensten.

96. De eerste paragraaf onderstreept het belang voor ondernemingen om de vereiste gezondheids- en veiligheidsnormen in acht te nemen en om consumenten van adequate informatie hierover te voorzien.

97. De tweede paragraaf betreft informatievoorziening. Ondernemingen worden hierin opgeroepen in informatie te voorzien die afdoende is voor consumenten om geïnformeerde beslissingen te nemen. De manier waarop informatie in de online omgeving wordt verstrekt, moet worden toegesneden op en afgestemd zijn op de toegangsmiddelen van de consument. Dit zou, waar relevant, informatie omvatten over financiële risico's die met producten gepaard gaan. In sommige gevallen zijn ondernemingen voorts juridisch verplicht om informatie te verschaffen op een wijze die consumenten in staat stelt directe vergelijkingen te maken tussen goederen en diensten (bijvoorbeeld via stuksprijzen). In afwezigheid van directe wetgeving worden ondernemingen aangemoedigd om, in de omgang met consumenten, informatie te verschaffen op een manier die een vergelijking tussen goederen en diensten faciliteert en consumenten in staat stelt eenvoudig vast te stellen wat de totale kosten van een product zullen zijn. Daarbij zij opgemerkt dat wat als afdoende te boek staat in verloop van tijd aan verandering onderhevig kan zijn en dat ondernemingen open behoren te staan voor zulke veranderingen. Elke claim over een product, het milieu of sociale aspecten die een onderneming maakt dient te zijn gebaseerd op adequaat bewijs en,

indien toepasselijk, degelijke tests en verificatie. Claims kunnen zowel betrekking hebben op de wijze waarop een product of dienst is geproduceerd als op de eigenschappen van het product of de dienst zelf. Gezien de toegenomen interesse van consumenten in milieu- en sociale vraagstukken en duurzame consumptie dient, indien gepast, informatie over milieu- of sociale kenmerken van producten en diensten verstrekt te worden. Dit kan ook informatie betreffen over de energiezuinigheid en de mate waarin producten te recyclen zijn, de duurzaamheid en repareerbaarheid ervan, de duurzaamheidskenmerken van financiële producten en diensten of bijvoorbeeld in het geval van voedsel en waren, informatie over de landbouwmethoden of voedingskenmerken.

98. Bij het nemen van hun aankoopbeslissingen houden consumenten steeds meer rekening met ondernemingsgedrag. Ondernemingen worden daarom aangemoedigd om informatie te verschaffen over de initiatieven die zij hebben ondernomen om sociale en milieugerelateerde maatregelen in hun activiteiten te integreren en om anderszins duurzame consumptie aan te moedigen. Hoofdstuk III van de Richtlijnen over Informatieverstrekking is in dat opzicht ook relevant. Ondernemingen worden daarom aangemoedigd verklaringen over de normen en waarden en over gedrag van hun onderneming met het publiek te delen, waaronder informatie over sociaal, ethisch en milieugerelateerd ondernemingsbeleid en andere gedragscodes die de onderneming onderschrijft. Ondernemingen worden aangemoedigd deze informatie in klare taal beschikbaar te stellen en ervoor te zorgen dat elke claim met betrekking tot milieu- of sociale prestaties juist is. Toename van het aantal ondernemingen dat publiekelijk rapporteert over deze onderwerpen zou welkom zijn.

99. De derde paragraaf weerspiegelt de tekst van de Aanbeveling van de *OESO-Raad voor klachtenbehandeling en herstel voor consumenten* [OECD/LEGAL/0356]. Deze aanbeveling geeft een kader voor de ontwikkeling van doelmatige benaderingen om consumentenklachten te behandelen, waaronder een reeks aan acties die het bedrijfsleven kan ondernemen. Het zij opgemerkt dat de mechanismen die veel ondernemingen in werking hebben gesteld om consumentenklachten te verhelpen het consumentenvertrouwen en –tevredenheid hebben doen toenemen. Deze mechanismen kunnen meer praktische oplossingen voor klachten bieden dan juridische acties, die duur, ingewikkeld en tijdrovend kunnen zijn voor alle betrokken partijen. Ten behoeve van de doelmatigheid van deze buitengerechtelijke mechanismen voor klachtenbehandeling dienen consumenten van hun bestaan op de hoogte te zijn en zouden aanwijzingen over hoe een klacht in te dienen die doelmatigheid ook ten goede komen, vooral bij kwesties die over landsgrenzen gaan of multidimensionale transacties betreffen.

100. De vierde paragraaf betreft bedrieglijke, misleidende, frauduleuze en andere oneerlijke commerciële praktijken. Deze praktijken kunnen markten verstoren voor rekening van zowel consumenten als verantwoorde ondernemingen, en dienen vermeden te worden.

101. De vijfde paragraaf betreft consumentenvoorlichting, hetgeen aan belang heeft gewonnen gezien de toenemende complexiteit van vele markten en producten. Overheden, consumentenorganisaties en vele ondernemingen erkennen dat dit een gedeelde verantwoordelijkheid is en dat zij belangrijke rollen te vervullen hebben op dit gebied. De obstakels die consumenten ervaren hebben in het evalueren van complexe financiële en andere producten hebben het belang onderstreept van samenwerking van belanghebbenden ter bevordering van de educatie gericht op het verbeteren van de beslissingen van consumenten.

102. Paragraaf zes betreft persoonlijke gegevens. De toename van de vergaring en het gebruik van persoonsgegevens door ondernemingen, kan grote risico's inhouden voor de privacy van consumenten en hun welzijn. De bescherming van persoonsgegevens van consumenten, met inbegrip van gegevensbeveiliging, is daarom van groot belang.

103. De zevende paragraaf onderstreept het belang voor ondernemingen om met publieke autoriteiten samen te werken in het helpen effectiever bedrieglijke advertentiepraktijken te voorkomen en te bestrijden. Samenwerking is ook nodig om risico's voor de volksgezondheid en de veiligheid van het milieu te verminderen of te voorkomen. Dit omvat risico's die gerelateerd zijn aan de verwijdering van goederen,

evenals hun consumptie en gebruik. Dit weerspiegelt de erkenning dat het belangrijk is risico's voor de veiligheid van producten gedurende hun gehele levensduur in overweging te nemen en te beheersen, met name in de fasen van ontwerp, vervaardiging, distributie, gebruik en verwijdering.

104. De achtste paragraaf roept ondernemingen op om wanneer zij goederen en diensten op de markt brengen rekening te houden met de omstandigheden voor kwetsbare en achtergestelde consumenten. De termen 'achtergestelde' of 'kwetsbare' consumenten verwijzen naar specifieke consumenten of categorieën consumenten die vanwege persoonlijke kenmerken of omstandigheden (zoals leeftijd, mentale of fysieke gesteldheid, educatie, inkomen, taal of afgelegen locatie) specifieke obstakels tegenkomen wanneer zij zich op de informatie-intensieve, geglobaliseerde markten begeven. De paragraaf benadrukt eveneens het toenemende belang van consumptie via mobiele en andere elektronische diensten op de internationale markt. De voordelen van zulke handel zijn significant en nemen toe. Maar er zijn ook risico's voor consumentenschade. Overheden hebben aanzienlijke tijd besteed aan het onderzoeken van manieren waarop consumenten transparante en doelmatige bescherming genieten die bij e-commerce niet onderdoet voor de bescherming die geboden wordt bij meer traditionele vormen van handel. Daarom is het belangrijk dat ondernemingen stappen ondernemen om de risico's van e-commerce te verminderen, zodat het beschermingsniveau niet lager is dan het niveau dat in meer traditionele handelsvormen wordt geboden.

IX. Wetenschap, technologie en innovatie

Wetenschappelijk onderzoek en technologische innovatie hebben de productiviteit in alle sectoren gestimuleerd, evenals het vermogen van ondernemingen om gepaste zorgvuldigheid toe te passen en bij te dragen aan duurzame ontwikkeling. Ondernemingen moeten in voorkomend geval bijdragen aan de ontwikkeling van lokale en nationale innovatiecapaciteit. In de context van ontwikkeling, financiering, verkoop, licentieverlening, handel en gebruik van technologie, met inbegrip van het verzamelen en gebruiken van gegevens, alsmede wetenschappelijk onderzoek en innovatie, moeten ondernemingen de *Richtlijnen* in acht nemen en voldoen aan de toepasselijke nationale wetten en voorschriften, met inbegrip van vereisten inzake privacy en gegevensbescherming en uitvoercontrole. In het bijzonder behoren ondernemingen:

1. Risico-gebaseerde gepaste zorgvuldigheid uit te voeren, zoals beschreven in hoofdstuk II, met betrekking tot feitelijke en potentiële negatieve gevolgen in verband met wetenschap, technologie en innovatie.
2. Waar mogelijk in hun bedrijfsvoering praktijken te hanteren die de vrijwillige, veilige, beveiligde en doeltreffende overdracht van technologie en knowhow mogelijk maken, onder onderling overeengekomen voorwaarden, en de toegang tot en het delen van gegevens te verbeteren om wetenschappelijke ontdekkingen en innovaties te bevorderen, met inachtneming van de beginselen inzake de bescherming van intellectuele-eigendomsrechten, vertrouwelijkheidsverplichtingen, privacy, bescherming van persoonsgegevens, uitvoercontroles en non-discriminatie.
3. Waar dit passend is, activiteiten inzake de wetenschappelijke en technologische ontwikkeling in het gastland uit te voeren die aansluiten op de behoeften van de lokale markt en werknemers uit het gastland in wetenschap en technologie ontwikkeling functies aan te stellen en hun training te stimuleren en te ondersteunen, rekening houdend met de behoeften op het gebied van integriteit, veiligheid en handel.
4. Indien licenties voor het gebruik van intellectuele eigendomsrechten worden verleend of anderszins vrijwillig technologie wordt overgedragen, dit te doen onder gezamenlijk overeengekomen voorwaarden en bepalingen, met passende waarborgen om negatieve gevolgen te voorkomen en te beperken, en zodanig dat wordt bijgedragen aan de perspectieven voor duurzame ontwikkeling van het gastland op lange termijn en de regelgeving inzake uitvoercontrole wordt nageleefd.
5. Wanneer de commerciële doelstellingen zich daartoe lenen, banden aan te knopen met lokale instellingen voor hoger onderwijs en openbare onderzoeksinstituten en deel te nemen aan gezamenlijke onderzoeksprojecten met lokale ondernemingen of brancheorganisaties, met inbegrip van het midden- en kleinbedrijf en maatschappelijke organisaties. Bij deze samenwerking moet rekening worden gehouden met doeltreffend risicobeheer, ethische overwegingen, nationale veiligheidsoverwegingen, toepasselijke wetgeving en overwegingen van belanghebbenden. Het moet ook de waarde van open wetenschap erkennen en waarborgen in acht nemen om de academische vrijheid en de onderzoeks- en wetenschappelijke autonomie in stand te houden.
6. Bij het verzamelen, delen en gebruiken van gegevens de transparantie van regelingen voor gegevenstoegang en -uitwisseling te vergroten en de invoering, gedurende de gehele

waardecyclus van gegevens, van verantwoorde gegevensbeheerpraktijken aan te moedigen die voldoen aan normen en verplichtingen die van toepassing zijn, algemeen worden erkend of aanvaard onder de Onderschrijvende landen van de Richtlijnen, met inbegrip van gedragscodes, ethische beginselen, regels inzake manipulatie en dwang van consumenten, en normen inzake privacy en gegevensbescherming.

7. Ondernemingen moeten, naargelang hun situatie, samenwerkingsinspanningen in de passende fora ondersteunen ter bevordering van een open, vrij, mondiaal, interoperabel, betrouwbaar, toegankelijk, betaalbaar, veilig en weerbaar internet, onder meer door eerbiediging van de vrijheid van meningsuiting, vreedzame vergadering en vereniging online, en in overeenstemming met de aangelegenheden die onder de *Richtlijnen* vallen.

Toelichting op hoofdstuk IX: Wetenschap, technologie en innovatie

105. De ontwikkeling, de licentieverlening, de verkoop, de handel en het gebruik van technologie hebben grote gevolgen voor de aangelegenheden die onder de *Richtlijnen* vallen, waaronder duurzame ontwikkeling, mensenrechten, economische participatie, de kwaliteit van de democratie, sociale cohesie, klimaatverandering, de globale bedrijfs- en arbeidsomgeving en de marktdynamiek. Wetenschappelijk onderzoek en technologische innovatie hebben de productiviteit in alle sectoren gestimuleerd, evenals het vermogen van ondernemingen om gepaste zorgvuldigheid toe te passen en bij te dragen tot duurzame ontwikkeling, maar kunnen ook in verband worden gebracht met uitdagingen en negatieve gevolgen.

106. Gezien het evoluerende karakter van dit onderwerp en het feit dat het betrekking heeft op veel kwesties, is het de bedoeling dat het toepassingsgebied van dit hoofdstuk breed en inclusief is om ervoor te zorgen dat het relevant blijft voor de risico's die verband houden met toekomstige ontwikkelingen op het gebied van wetenschap, technologie en innovatie.

107. In een kennisgerichte, wereldwijde economie vormen de toegang tot technologie en knowhow en het vermogen deze te gebruiken essentiële voorwaarden om de ondernemingsresultaten te verbeteren. Het is ook een belangrijke voorwaarde om de hele economie te laten profiteren van de effecten van de technologische vooruitgang, zoals productiviteitsstijging en werkgelegenheidsgroei, binnen de context van duurzame ontwikkeling.[6] Multinationale ondernemingen vormen een belangrijk kanaal voor de grensoverschrijdende overdracht van technologie. Zij kunnen bijdragen aan de innovatiecapaciteit van hun gastlanden door nieuwe technologieën te genereren, te verspreiden en zelfs binnenlandse ondernemingen en instellingen de mogelijkheid te geven deze te gebruiken. De onderzoeks- en ontwikkelingsactiviteiten van multinationale ondernemingen en investeringen in nieuwe technologieën kunnen, als er goede relaties met het nationale innovatiesysteem bestaan, bijdragen tot een versnelling van de economische en sociale vooruitgang in het gastland. Op zijn beurt kan de ontwikkeling van een dynamisch innovatiesysteem in het gastland de commerciële afzetmogelijkheden voor multinationale ondernemingen vergroten.

108. Dit hoofdstuk heeft daarom tot doel om, binnen de grenzen van de economische haalbaarheid, concurrentieoverwegingen en in lijn met de verplichtingen op het gebied van privacy, gegevensbescherming, beveiliging, bescherming van intellectuele eigendom en vertrouwelijkheid, te bevorderen dat multinationale ondernemingen de vruchten van hun onderzoeks- en ontwikkelingsactiviteiten verspreiden in de landen waarin zij werken en daardoor bijdragen aan de vergroting van de innovatiecapaciteit van gastlanden. Het bevorderen van de verspreiding van technologie

[6] Paragraaf 7 laat de standpunten van regeringen op het gebied van elektronische handel in de Wereldhandelsorganisatie (WTO) onverlet. Het is niet bedoeld om andere belangrijke belangen van openbare orde die verband kunnen houden met het gebruik van internet, waarmee rekening moet worden gehouden, buiten beschouwing te laten. Sommige landen hebben in dit verband verwezen naar de Tunis-agenda voor de informatiemaatschappij van 2005.

kan inhouden dat men producten en diensten op de markt brengt waarin nieuwe technologieën zijn verwerkt, licenties voor procesinnovaties verleent, wetenschap en technologie ontwikkeling personeel aanneemt en opleidt en onderzoek en ontwikkeling samenwerkingsverbanden aangaat. Bij de verkoop van of licentieverstrekking voor technologieën moeten niet alleen de voorwaarden en bepalingen gezamenlijk worden overeengekomen, maar zouden multinationale ondernemingen ook moeten kijken naar de langetermijneffecten die deze technologieën hebben op het gebied van ontwikkeling, milieu en samenleving. Bij hun activiteiten kunnen multinationale ondernemingen de innovatieve capaciteit van hun internationale dochterbedrijven, onderaannemers en andere entiteiten waarmee zij zakelijke betrekkingen onderhouden, vestigen en verbeteren. Daarnaast kunnen ze de aandacht vestigen op het belang van de lokale wetenschappelijke en technologische infrastructuur, zowel fysiek als institutioneel. In dit opzicht kunnen multinationale ondernemingen een waardevolle bijdrage leveren aan de formulering, door de regering van het gastland, van beleidskaders die tot de ontwikkeling van dynamische innovatiesystemen kunnen leiden.

109. Wetenschap wordt hier onder meer begrepen als onderzoek en verkenning. Onder technologie wordt hier verstaan digitale technologie, niet-digitale technologie en digitale diensten, alsook digitale ecosystemen die de ontwikkeling en het gebruik ervan vergemakkelijken. Onder innovatie wordt hier verstaan het proces waarbij een nieuw of verbeterd product, dienst of proces wordt ontwikkeld met als doel het beschikbaar te stellen aan potentiële gebruikers of het door de onderneming in gebruik te nemen.

110. Gegevens worden hier, net als in de desbetreffende OESO-aanbevelingen, geacht te verwijzen naar opgenomen informatie in gestructureerde of ongestructureerde formaten, met inbegrip van tekst, beelden, geluid en video. Data-gestuurde innovatie en data-intensieve wetenschap bieden ongekende mogelijkheden om grote maatschappelijke uitdagingen aan te pakken. Initiatieven op het gebied van open wetenschap en toegang tot gegevens hebben verstrekkende gevolgen gehad voor de reproduceerbaarheid van wetenschappelijke resultaten, de verspreiding van kennis in de samenleving, interdisciplinaire samenwerking, efficiënt gebruik van hulpbronnen, productiviteit en concurrentievermogen. Gegevensstromen over de grenzen heen zijn van cruciaal belang voor de ondersteuning van de internationale handel, de uitwisseling van informatie en kennis om digitale kloven en duurzame ontwikkeling te overbruggen. Paragraaf 2 versterkt deze voordelen, maar erkent ook de risico's van diefstal en het onverantwoord delen en gebruiken van gegevens die de persoonlijke privacy kunnen ondermijnen en potentiële nationale veiligheidsrisico's kunnen opleveren. Ondernemingen in het data-ecosysteem, met inbegrip van gegevenshouders, gegevensproducenten en gegevensbemiddelaars, zoals gedefinieerd in de Recommendation on Enhancing Access to and Sharing of Data (Aanbeveling inzake betere toegang tot en uitwisseling van gegevens) [OECD/LEGAL/0463], worden aangemoedigd om aanbevelingen inzake verantwoorde toegang tot, uitwisseling en gebruik van gegevens in overweging te nemen, zoals uiteengezet in de Aanbeveling, die erop gericht is de uitvoering van risicobeheersmaatregelen gedurende de gehele gegevenswaardecyclus te waarborgen, met inbegrip van maatregelen die nodig zijn om de vertrouwelijkheid, integriteit, beveiliging en beschikbaarheid van gegevens te beschermen, met name in het kader van het beheer van biologische gegevens zoals DNA, en bij de openbaarmaking van gegevens aan rechtshandhavingsinstanties en andere overheidsinstanties.

111. In paragraaf 4 worden de verwachtingen van ondernemingen geacht evenredig te zijn om algemene voorwaarden te vermijden die onbedoelde gevolgen hebben. Ondernemingen moeten zich ook inspannen om situaties te identificeren waarin bepaalde actoren voordeel kunnen halen uit technologieoverdracht met de bedoeling misbruik te maken van civiele technologie.

112. In overeenstemming met hoofdstuk II zullen de aard en de omvang van gepaste zorgvuldigheid voor negatieve gevolgen in verband met wetenschap, technologie en innovatie afhangen van de omstandigheden van een specifieke situatie en zal op risico gebaseerde prioritering nodig zijn. Hierbij moet ook rekening worden gehouden met bekende of redelijkerwijs voorzienbare omstandigheden die verband houden met het gebruik van het product of de dienst die overeenkomstig het beoogde doel wordt geleverd,

of in omstandigheden van redelijkerwijs voorzienbaar oneigenlijk gebruik of misbruik dat negatieve gevolgen kan hebben.

113. Ondernemingen die betrokken zijn bij de ontwikkeling van nieuwe technologie of nieuwe toepassingen van bestaande instrumenten moeten voor zover mogelijk anticiperen op ethische, juridische, arbeids-, sociale en ecologische uitdagingen als gevolg van nieuwe technologie en, in voorkomend geval, deze aanpakken en tegelijkertijd verantwoorde innovatie bevorderen en een dialoog aangaan en informatie uitwisselen met lokale regelgevende instanties en werknemersvertegenwoordigers. In aanvulling op en zoals ondersteund bij de uitvoering van de aanbevelingen van de *Richtlijnen*, worden ondernemingen aangemoedigd om de beschikbare richtsnoeren voor het innovatieproces in overweging te nemen, met inbegrip van relevante OESO-normen op het gebied van artificiële intelligentie en neurotechnologie, waaronder de Recommendation on Artificial Intelligence (Aanbeveling over kunstmatige intelligentie) [OECD/LEGAL/0449] en de Recommendation on Responsible Innovation in Neurotechnology (Aanbeveling inzake verantwoorde innovatie op het gebied van neurotechnologie) [OECD/LEGAL/0457].

114. Digitale beveiliging is een gedeelde verantwoordelijkheid van alle belanghebbenden, waaronder bedrijven, klanten en overheden. Digitale beveiligingsincidenten, zoals ongeoorloofde toegang tot systemen of software, gecompromitteerde accounts, verlies of diefstal van gegevens, of interferentie met IT-middelen, kunnen bedrijven, overheden en personen schaden door de beschikbaarheid, integriteit en/of vertrouwelijkheid van hun gegevens, informatiesystemen en netwerken te ondermijnen. Ondernemingen moeten het risicobeheer op het gebied van digitale veiligheid uitvoeren op een wijze die in overeenstemming is met de andere hoofdstukken van de *Richtlijnen*. De beginselen van privacy-by-design (gegevensbescherming door ontwerp), het gebruik van sterke encryptie, protocollen voor toestemmings- en toegangsbeheer en andere beproefde praktijken kunnen bedreigingen verminderen en schade beperken. Ondernemingen moeten ook rekening houden met de relevante OESO-normen op het gebied van gegevens.

115. Bij alle activiteiten met betrekking tot de participatie van kinderen en jongeren in, of hun betrokkenheid bij de digitale omgeving, moeten ondernemingen, in voorkomend geval, rekening houden met de belangen van het kind als eerste overweging en in hun gepaste zorgvuldigheid -procedure nagaan hoe de rechten van kinderen en jongeren kunnen worden geëerbiedigd en het welzijn van kinderen en jongeren kan worden beschermd en bevorderd in de digitale omgeving, en passende maatregelen nemen om dit te doen in overeenstemming met de Recommendation on Children in the Digital Environment (Aanbeveling inzake kinderen in de digitale omgeving) [OECD/LEGAL/0389] en de OECD Guidelines for Digital Service Providers (OESO-*Richtlijnen* voor aanbieders van digitale diensten).

X. Mededinging

Ondernemingen behoren:

1. Hun activiteiten in overeenstemming met alle geldende mededingingswetten en regelgeving uit te voeren, daarbij rekening houdend met de mededingingswetgeving van alle jurisdicties waarin hun activiteiten nadelig effect kunnen hebben op de vrije concurrentie.

2. Zich te onthouden van het aangaan of uitvoeren van concurrentiebeperkende afspraken tussen concurrenten, waaronder afspraken:

   a. om vaste prijzen te hanteren;

   b. om hun aanbestedingen op elkaar af te stemmen;

   c. om productiebeperkingen of quota vast te stellen; of

   d. om markten te delen of te verdelen door klanten, leveranciers, geografische zones of activiteiten toe te wijzen.

3. Met mededingingsautoriteiten samen te werken door, onder meer en mede afhankelijk van de toepasselijke wetten en passende waarborgen, verzoeken om informatie zo snel en volledig mogelijk als werkbaar is te beantwoorden, en het gebruik van beschikbare middelen, zoals het afstand doen van geheimhouding indien gepast, in overweging te nemen ter bevordering van effectieve en efficiënte samenwerking tussen autoriteiten die onderzoek doen.

4. Regelmatig bij hun personeel het belang van naleving van alle toepasselijke mededingingswetten en –regelgeving onder de aandacht brengen en, in het bijzonder, het hoger management van de onderneming te trainen op mededingingsgebied.

Toelichting op hoofdstuk X: Mededinging

116. Deze aanbevelingen zijn bedoeld om het belang van de wet- en regelgeving op het gebied van de mededinging voor de doelmatige werking van zowel de binnenlandse als de buitenlandse markt te benadrukken, nogmaals te wijzen op het belang van de naleving van deze wet- en regelgeving door zowel nationale als multinationale ondernemingen, en te waarborgen dat alle ondernemingen zich bewust zijn van de ontwikkelingen met betrekking tot de strekking, herstelmaatregelen en de sancties ervan, evenals de mate van samenwerking tussen de mededingingsautoriteiten. De uitdrukking "mededingingswetten" wordt gebruikt om te verwijzen naar wetten, met inbegrip van "antikartel-" en "antimonopolie" wetten, die een verbod inhouden op a) concurrentiebeperkende afspraken, b) misbruik van een markt- of machtspositie, c) het verwerven van een machtspositie op de markt door andere middelen dan een efficiënte bedrijfsvoering, of d) het substantieel verminderen van de concurrentie of het substantieel belemmeren van doelmatige concurrentie via fusies en overnames.

117. In het algemeen behelzen mededingingswetten en -beleid een verbod op a) hard core kartels, b) andere concurrentiebeperkende afspraken, c) concurrentiebeperkend gedrag dat een markt- of machtpositie misbruikt of uitbreidt, en d) mededingingsbeperkende fusies en overnames. Krachtens de Recommendation Concerning Effective Action Against Hard Core Cartels (Aanbeveling inzake Effectieve

Maatregelen tegen Hard Core Kartels) [OECD/LEGAL/0452], vormen de concurrentiebeperkende afspraken genoemd onder a) hard core kartels - maar in de Aanbeveling wordt echter rekening gehouden met de verschillen tussen de wetgevingen van lidstaten, met inbegrip van de verschillen tussen de wettelijke vrijstellingen en/of bepalingen die een goedkeuring mogelijk maken voor een activiteit die normaal gesproken verboden zou zijn. Deze aanbevelingen van de *Richtlijnen* suggereren niet dat ondernemingen op voorhand dergelijke vrijstellingen of bepalingen zouden moeten aanwenden. De categorieën onder b) en c) zijn algemener van aard, omdat de gevolgen van andere soorten afspraken en unilateraal gedrag op de mededinging minder eenduidig van aard zijn en er minder consensus bestaat over wat als "concurrentiebeperkend" moet worden beschouwd.

118. Mededingingsbeleid heeft tot doel bij te dragen aan de welvaart en de economische groei door het bevorderen van een marktsituatie waarin de aard, kwaliteit en prijs van goederen en diensten worden bepaald door vraag en aanbod. Zo'n concurrentie bevorderend klimaat komt niet alleen de consumenten en de economie als geheel ten goede, maar beloont ook ondernemingen die efficiënt inspelen op de vraag van de consumenten. Ondernemingen kunnen bijdragen aan dit proces door informatie en advies te geven wanneer de overheid wetten en beleid overweegt die de efficiency zouden kunnen beperken of het concurrentieklimaat anderszins zouden kunnen verslechteren.

119. Ondernemingen dienen te beseffen dat mededingingswetgeving uitgevoerd blijft worden en dat het steeds gebruikelijker is dat deze wetten concurrentiebeperkende activiteiten die in het buitenland plaatsvinden verbieden indien ze schadelijke gevolgen hebben voor de binnenlandse consumenten. Bovendien maken grensoverschrijdende handel en investeringen het steeds waarschijnlijker dat concurrentiebeperkend gedrag in het ene land nadelige effecten heeft in andere landen. Ondernemingen moeten daarom rekening houden met de wetten van het land waarin ze werkzaam zijn en met die van alle landen waarin de gevolgen van hun gedrag voelbaar kunnen zijn.

120. Tot slot dienen ondernemingen te erkennen dat de mededingingsautoriteiten steeds meer en intensiever gaan samenwerken bij het onderzoek naar en de strijd tegen concurrentiebeperkende gedragingen. Zie in het algemeen: relevante OESO-normen op het gebied van het mededingingsbeleid. Wanneer de mededingingsautoriteiten van verschillende landen hetzelfde gedrag onderzoeken, kunnen ondernemingen, door de samenwerking tussen de autoriteiten te vergemakkelijken, een consistente en degelijke besluitvorming en herstel van de mededinging bevorderen en ook kostenbesparingen voor de overheid en ondernemingen mogelijk maken.

121. Hoewel ondernemingen en de samenwerkingsinitiatieven waarbij zij betrokken zijn, proactieve stappen moeten ondernemen om inzicht te krijgen in mededingingsrechtelijke kwesties in hun rechtsgebied en activiteiten moeten vermijden die een inbreuk op het mededingingsrecht kunnen vormen, staan geloofwaardige initiatieven voor verantwoord ondernemen niet per definitie op gespannen voet met de doeleinden van het mededingingsrecht en zal samenwerking bij dergelijke initiatieven doorgaans niet in strijd zijn met dergelijke wetten.

122. Afhankelijk van de nationale context kunnen ondernemingen onderworpen zijn aan het mededingingsrecht wanneer zij arbeidsinput van werknemers kopen op soortgelijke wijze als wanneer zij andere goederen en diensten kopen. In deze gevallen kunnen strenge sancties worden opgelegd in het geval van collusie tussen werkgevers op het gebied van lonen (loonvaststellingspraktijken) en aanwervingspraktijken (zoals "no-poach" en "no-hire"-overeenkomsten). Ondernemingen moeten er daarom voor zorgen dat zij bij hun aanwervings- en werkgelegenheidsbeleid en bij het plannen van fusies en overnames voldoen aan de toepasselijke wetgeving.

XI. Belastingen

1. Het is belangrijk dat ondernemingen bijdragen aan de overheidsfinanciën van het gastland door het tijdig betalen van de door hen verschuldigde belastingen. In het bijzonder dienen zij de belastingwetten en –regelgeving in alle landen waarin zij actief zijn naar de letter en de geest na te leven. Naleving naar de letter en de geest houdt in dat men de intentie van de wetgeving onderkent en volgt. Het betekent niet dat een onderneming meer dient te betalen dan wettelijk verplicht is op basis van die intentie. Naleving van belastingwetgeving behelst maatregelen om de bevoegde autoriteiten tijdig informatie te verschaffen die nodig of juridisch vereist is om de te heffen belasting in verband met hun activiteiten juist vast te stellen en dat zij hun praktijken ter zake van verrekenprijzen aanpassen aan het 'arm's length-beginsel'.
2. Ondernemingen behoren toezicht op en naleving van belastingwetgeving als belangrijke elementen van hun controle- en bredere risicobeheerssystemen te behandelen. In het bijzonder dienen bestuursraden beheersstrategieën voor risico's op het gebied van belastingwetgeving aan te wenden opdat financiële risico's en risico's op het gebied van regelgeving en de goede naam die geassocieerd zijn met belasting volledig worden geïdentificeerd en geëvalueerd.

Toelichting op hoofdstuk XI: Belastingen

123. Burgerschap voor ondernemingen betekent op het gebied van belastingen dat ondernemingen zich houden aan de letter en de geest van de fiscale wet- en regelgeving in alle landen waarin zij werken, met de autoriteiten samenwerken en deze relevante of juridisch verplichte informatie verschaffen. Een onderneming houdt zich aan de letter en de geest van fiscale wet- en regelgeving indien zij redelijke stappen onderneemt om vast te stellen wat de intentie van de belastingwetgeving is en deze in lijn met die intentie interpreteert in het kader van de gebruikte wetstaal en relevante, recente wetsgeschiedenis. Transacties dienen niet zo gestructureerd te worden zodat zij belastingeffecten hebben die niet in overeenstemming zijn met de onderliggende economische consequenties van de transacties, tenzij er specifieke wetgeving is opgesteld die dat effect bewerkstelligt. In dat geval dient de onderneming in redelijkheid aan te nemen dat de transactie gestructureerd is op een wijze die een belastingeffect op de onderneming heeft die niet in strijd is met de intenties van de wetgeving.

124. Naleving van belastingwetgeving omvat ook samenwerking met de belastingautoriteiten en het voorzien van informatie die zij nodig hebben om effectieve en billijke toepassing van de belastingwetgeving te waarborgen. Zulke samenwerking behoort tijdige en volledige beantwoording te omvatten van verzoeken om informatie door competente autoriteiten op basis van onderdelen van een belastingverdrag of overeenkomst over het delen van informatie. Deze verplichting om informatie te verschaffen is echter niet zonder beperkingen. In de *Richtlijnen* wordt met name een verband gelegd tussen de informatie die moet worden gegeven en de relevantie daarvan voor de naleving van de toepasselijke fiscale wetten. Hiermee wordt erkend dat er een evenwicht moet worden gezocht tussen de administratieve last die ondernemingen wordt opgelegd en de noodzaak voor de belastingautoriteiten om tijdig over volledige en juiste informatie te beschikken zodat zij de belastingwetten kunnen toepassen.

125. 125. De toewijding van ondernemingen aan samenwerking, transparantie en naleving van belastingwetgeving behoort te worden weerspiegeld in systemen, structuren en beleid voor risicobeheer.

Wanneer ondernemingen een juridische bedrijfsstructuur hebben, verkeren bestuursraden in een positie om op meerdere manieren belastingrisico's te overzien. Bestuursraden kunnen bijvoorbeeld proactief gepaste principes voor het belastingbeleid ontwikkelen, evenals dat zij interne controlesystemen op belastinggebied kunnen instellen zodat de handelingen van het management consistent zijn met de inzichten van de bestuursraad op belastinggebied. De raad dient van alle potentiële, materiële belastingrisico's op de hoogte te zijn en verantwoordelijkheid dient te worden toegewezen voor het uitvoeren van interne controlefuncties en rapportage aan de raad op belastinggebied. Een alomvattende strategie voor risicobeheer, die ook belastingrisico's dekt, stelt de onderneming in staat niet alleen goed ondernemerschap aan de samenleving te tonen, maar ook effectief zijn belastingrisico's te beheersen, hetgeen bijdraagt aan het voorkomen van substantiële financiële, regelgevende en reputatie gerelateerde risico's voor de onderneming.

126. Fiscale transparantie ondersteunt de integriteit van het belastingstelsel van een land en is een belangrijke manier om te waarborgen en aan te tonen dat ondernemingen de letter en de geest van de belastingwetgeving naleven. Het is mogelijk dat een lid van een multinationale ondernemingsgroep uitgebreide economische relaties onderhoudt met bedrijven uit dezelfde groep in andere landen. Dergelijke relaties kunnen gevolgen hebben voor de verschuldigde belasting van de betrokken partijen. Daarom hebben de belastingautoriteiten mogelijk informatie van buiten hun land nodig om deze relaties te kunnen beoordelen en te kunnen bepalen hoeveel belasting het lid van de multinationale ondernemingsgroep in hun land verschuldigd is. Ook hier geldt weer dat de te verschaffen informatie beperkt is tot wat relevant of wettelijk verplicht is voor de beoordeling van de economische relaties, en dit voor de vaststelling van de correcte belastingschuld van het lid van de multinationale ondernemingsgroep. Multinationale ondernemingen moeten meewerken aan het beschikbaar stellen van deze informatie. Een aantal acties van het OECD/G20 Inclusive Framework on Base Erosion and Profit Shifting (BEPS) (Inclusief kader voor grondslaguitholling en winstverschuiving (BEPS) van de OESO/G20 is gericht op het verbeteren van de transparantie, zoals het opstellen en uitwisselen van landenrapporten (BEPS-actie 13), de verplichte spontane uitwisseling van relevante informatie over fiscale rulings (BEPS-actie 5) en de verplichte openbaarmakingsregels met betrekking tot regelingen voor agressieve fiscale planning (BEPS-actie 12).

127. Verrekenprijzen zijn een bijzonder belangrijk onderwerp in het kader van burgerschap voor ondernemingen en belastingen. De enorme toename van de wereldwijde handel en rechtstreekse grensoverschrijdende investeringen (en de belangrijke rol die multinationale ondernemingen daarin spelen) betekent dat verrekenprijzen nu een belangrijk bepalend element zijn voor de belastingheffing van de leden van een multinationale ondernemingsgroep, omdat het de verdeling van bases waarop belasting kan worden geheven in de landen waarin de multinationale onderneming actief is materieel beïnvloedt. Het 'arm's length-beginsel', dat is opgenomen in zowel het OESO-modelverdrag inzake belastingen als in het VN-Modelverdrag inzake Dubbele Belasting tussen Ontwikkelde en Ontwikkelingslanden, is de internationaal geaccepteerde norm voor het aanpassen van winst tussen aan elkaar verbonden ondernemingen. Toepassing van het arm's length-beginsel voorkomt ongewenst schuiven met winsten of verliezen en minimaliseert risico's op dubbele belasting. Zijn juiste toepassing vereist van multinationale ondernemingen dat zij samenwerken met belastingautoriteiten en hen voorzien van alle relevante of wettelijk verplichte informatie in relatie tot de keuze van de methode voor verrekenprijzen die ondernemingen en hun entiteiten toepassen bij hun internationale transacties. Erkend wordt dat het voor zowel multinationale ondernemingen als belastingautoriteiten vaak moeilijk vast te stellen is of gehanteerde verrekenprijzen in afdoende mate het arm's length-beginsel weerspiegelen en dat diens toepassing geen exacte wetenschap is.

128. Het Comité inzake Fiscale Aangelegenheden van de OESO werkt onverminderd voort aan de ontwikkeling van aanbevelingen om te waarborgen dat de verrekenprijzen voldoen aan het arm's length-beginsel. Dit heeft geleid tot de publicatie, in 1995, van de OESO-*richtlijnen inzake Verrekenprijzen voor Multinationale Ondernemingen en Belastingadministraties* (de OESO-richtlijnen inzake verrekenprijzen), die aanleiding gaven tot de *Aanbeveling inzake de Vaststelling van Verrekenprijzen tussen Verbonden*

Ondernemingen [OECD/LEGAL/0279] (leden van een multinationale ondernemingsgroep vallen normaal gesproken onder de definitie van verbonden ondernemingen). De *OESO-richtlijnen inzake verrekenprijzen* worden op continue basis geactualiseerd om veranderingen in de wereldeconomie en ervaringen van belastingdiensten en -betalers die te maken hebben met verrekenprijzen te weerspiegelen. Belangrijk is dat de aanbeveling van de Raad in 2017 is herzien om rekening te houden met de goedkeuring door de Raad van het BEPS-pakket, om het effect en de relevantie van de Richtlijnen inzake verrekenprijzen buiten het OESO-lidmaatschap te versterken, en om regeringen en belastingbetalers meer duidelijkheid en rechtszekerheid te bieden over de status van toekomstige herzieningen van de Richtlijnen inzake verrekenprijzen door de tijdige uitvoering ervan te ondersteunen. Het arm's length-beginsel, zoals het op de verdeling van winst van permanente vestigingen van toepassing is voor het vaststellen van de belastingrechten van een gastland op basis van een belastingverdrag, was onderwerp van een Aanbeveling van de OESO Raad die in 2008 werd aangenomen

129. De OESO-rRichtlijnen inzake verrekenprijzen zijn gericht op de toepassing van het arm's length-beginsel voor de vaststelling van de interne verrekenprijzen tussen verbonden ondernemingen. Ze zijn bedoeld om belastingdiensten (van zowel OESO-lidstaten als niet- lidstaten) en multinationale ondernemingen te helpen door wederzijds bevredigende oplossingen voor verrekenprijsgevallen aan te dragen, waarbij conflicten tussen belastingdiensten onderling en tussen belastingdiensten en multinationale ondernemingen zo veel mogelijk worden voorkomen en dure juridische procedures worden vermeden. Multinationale ondernemingen worden aangemoedigd de aanbevelingen in de OESO-richtlijnen inzake verrekenprijzen, zoals herzien en aangevuld, op te volgen zodat wordt verzekerd dat hun verrekenprijzen aan het arm's length-beginsel voldoen.

130. De samenhang en consistentie van de internationale belastingarchitectuur die van toepassing is op multinationale ondernemingengroepen werd in bredere zin versterkt door het BEPS-project van de OESO/G20. Met name het *Multilateral Convention to Implement Tax Treaty Related Measures to Prevent Base Erosion and Profit Shifting* (Multilateraal Verdrag ter implementatie van aan belastingverdragen gerelateerde maatregelen ter voorkoming van grondslaguitholling en winstverschuiving) [OECD/LEGAL/0432] vergemakkelijkt de uitvoering van een aantal maatregelen om belastingontwijking aan te pakken en de samenhang van internationale belastingregels te verbeteren, met inbegrip van minimumnormen voor het voorkomen van misbruik van verdragen en voor de verbetering van de beslechting van geschillen. Het succes van dit systeem is gebaseerd op een netwerk van positieve betrekkingen, samenwerking en wederkerigheid.

Deel II: Uitvoeringsprocedures van de OESO-richtlijnen voor multinationale ondernemingen inzake maatschappelijk verantwoord ondernemen

Besluit van de Raad betreffende de Richtlijnen voor multinationale ondernemingen inzake maatschappelijk verantwoord ondernemen

DE RAAD,

GELET OP artikel 5, onderdeel a, van het *Verdrag inzake de Organisatie voor Economische Samenwerking en Ontwikkeling* van 14 december 1960;

GELET OP de *Verklaring van de OESO inzake internationale investeringen en multinationale ondernemingen* (de "Verklaring") [OECD/LEGAL/0144], waarin onderschrijvende leden en niet-leden ("Onderschrijvende landen"), multinationale ondernemingen die op of vanaf hun grondgebied werken, gezamenlijk aanbevelen de *Richtlijnen voor multinationale ondernemingen inzake maatschappelijk verantwoord ondernemen* (de "*Richtlijnen*") na te leven;

ERKENNENDE dat, gezien het feit dat multinationale ondernemingen wereldwijd actief zijn, internationale samenwerking inzake aangelegenheden die met de Verklaring samenhangen zich tot alle landen zou moeten uitstrekken;

OVERWEGENDE dat het wenselijk is de procedures voor het houden van consultaties inzake aangelegenheden die in deze *Richtlijnen* aan de orde komen, te versterken en de doeltreffendheid van de Richtlijnen te bevorderen;

Op voorstel van het Investeringscomité:

BESLUIT:

I. Nationale contactpunten voor maatschappelijk verantwoord ondernemen

1. De Onderschrijvende landen zullen Nationale Contactpunten voor maatschappelijk verantwoord ondernemen (NCP's) oprichten om de doeltreffendheid van de *Richtlijnen* te vergroten. De NCP's zullen de volgende verantwoordelijkheden hebben:

   a) De bekendheid met en de toepassing van de *Richtlijnen* bevorderen, onder meer door vragen te beantwoorden;

   b) Bijdragen tot het oplossen van kwesties die zich voordoen in verband met de uitvoering van de *Richtlijnen* in specifieke gevallen.

Daarnaast kunnen NCP's, waar passend en in coördinatie met de betrokken overheidsinstanties, ook steun verlenen aan de inspanningen van hun regering om beleid ter bevordering van maatschappelijk verantwoord ondernemen te ontwikkelen, uit te voeren en te bevorderen.

Het bedrijfsleven, werknemersorganisaties, andere niet-gouvernementele organisaties en andere geïnteresseerde partijen zullen over de aanwezigheid van deze NCP's worden geïnformeerd.

2. NCP's van verschillende Onderschrijvende landen werken indien nodig samen ten aanzien van alle met de *Richtlijnen* samenhangende zaken die voor hun werkzaamheden relevant zijn. Als algemene regel geldt dat er eerst gesprekken op nationaal niveau zouden moeten worden gevoerd voordat contact met andere NCP's wordt opgenomen.

3. De NCP's komen regelmatig samen om ervaringen uit te wisselen en verslag uit te brengen aan het Investeringscomité.

4. Onderschrijvende landen stellen financiële en personele capaciteit aan hun NCP's ter beschikking zodat zij hun verantwoordelijkheden doelmatig kunnen invullen, op een wijze die volledig voldoet aan de criteria inzake doeltreffendheid die zijn beschreven in de bij dit Besluit gevoegde Procedures, rekening houdend met de interne begrotingscapaciteit en -praktijken.

5. De Onderschrijvende landen voeren periodieke collegiale toetsingen van hun NCP's uit, met inachtneming van de door de Werkgroep over Maatschappelijk Verantwoord Ondernemen (WPRBC) aangenomen modaliteiten.

II. Het Investeringscomité en de Werkgroep over Maatschappelijk Verantwoord Ondernemen

1. Het Investeringscomité ("het Comité") houdt toezicht op de uitvoering van de Verklaring over internationale investeringen en multinationale ondernemingen. De WPRBC assisteert het Comité bij de uitvoering van Deel I van de Verklaring met betrekking tot zijn verantwoordelijkheden wat betreft de *Richtlijnen*.

2. Het Comité wisselt periodiek of op verzoek van een Onderschrijvend land van gedachten over aangelegenheden die onder de *Richtlijnen* vallen en over de ervaringen die bij de toepassing ervan zijn opgedaan. Op gezette tijden nodigt het Comité "Business at OECD (BIAC) en het "Trade Union Advisory Committee" van de OESO (TUAC) (de "adviesorganen"), OECD Watch, alsmede andere internationale partners uit om zich uit te spreken over aangelegenheden die in de *Richtlijnen* aan de orde komen. Ook kunnen gedachtewisselingen met hen over deze aangelegenheden plaatsvinden op hun verzoek.

3. Het Comité zal contact leggen met niet-Onderschrijvende landen met betrekking tot zaken die in de *Richtlijnen* aan de orde komen om maatschappelijk verantwoord ondernemen wereldwijd te bevorderen in overeenstemming met de *Richtlijnen* en om een gelijk speelveld te creëren. Ook streeft het samenwerking na met niet-Onderschrijvende landen die speciaal belang bij de *Richtlijnen* en het bevorderen van hun principes en normen hebben.

4. Het Comité is verantwoordelijk voor verdere verduidelijking van de *Richtlijnen*. Partijen die betrokken zijn bij een procedure over specifieke gevallen waarin behoefte is ontstaan aan een verdere verduidelijking, worden in de gelegenheid gesteld hun standpunt mondeling of schriftelijk kenbaar te maken. Het Comité trekt geen conclusies over de gedragingen van individuele ondernemingen.

5. Het Comité organiseert gedachtewisselingen over de activiteiten van de NCP's, teneinde de effectiviteit van de *Richtlijnen* te verbeteren en de functionele gelijkwaardigheid van de NCP's te bevorderen.

6. Periodiek brengt het Comité aan de Raad verslag uit over aangelegenheden die in de *Richtlijnen* aan de orde komen. In deze rapporten houdt het Comité rekening met de rapporten van de NCP's en de standpunten van de adviesorganen (BIAC en TUAC), OECD Watch, andere internationale partners en van niet-Onderschrijvende landen.

7. Het Comité bevordert, in samenwerking met de NCP's, proactief de effectieve inachtneming door ondernemingen van de beginselen en normen die in de *Richtlijnen* staan. Het Comité zoekt, in het bijzonder, naar mogelijkheden om samen te werken met de adviesorganen (BIAC en TUAC), OECD Watch, andere internationale partners en overige belanghebbenden ter stimulering van positieve bijdragen van multinationale ondernemingen, in de context van de *Richtlijnen*, aan economische, milieu-gerelateerde en sociale vooruitgang met het oog op duurzame ontwikkeling, en om te helpen om risico's op negatieve gevolgen die verbonden zijn aan specifieke producten, regio's en bedrijfssectoren te identificeren en daarop te reageren.

III. Uitvoering en herziening van het Besluit

1. De aan dit Besluit gehechte Procedures bevatten de verwachtingen, aanbevelingen en richtsnoeren die van toepassing zijn op Onderschrijvende landen, NCP's, het Comité en de WPRBC bij de uitvoering van dit Besluit.

2. Dit Besluit wordt op gezette tijden herzien. Het Comité doet hiertoe voorstellen en de WPRBC kan dergelijke voorstellen opstellen en aan het Comité voorleggen

Procedures

I. Nationale contactpunten voor maatschappelijk verantwoord ondernemen

De Nationale Contactpunten voor maatschappelijk verantwoord ondernemen (NCP's) hebben tot taak de doeltreffendheid van de *Richtlijnen* te bevorderen. De NCP's zullen functioneren op een wijze die:

1. zichtbaar,

toegankelijk,

transparant,

verantwoordingsplichtig,

onpartijdig en billijk,

voorspelbaar, en

in overeenstemming met de *Richtlijnen* is.

Deze beginselen vormen samen de kerncriteria inzake doeltreffendheid van de NCP's. NCP's zullen, rekening houdend met hun specifieke omstandigheden, functionele gelijkwaardigheid nastreven, wat betekent dat alle NCP's met een gelijke mate van doeltreffendheid functioneren door te voldoen aan de belangrijkste criteria inzake doeltreffendheid.

A. Institutionele organisatie

Met inachtneming van de functionele gelijkwaardigheid van NCP's en het bevorderen van de effectiviteit van de *Richtlijnen*, kunnen de Onderschrijvende landen hun NCP's naar eigen inzicht organiseren om aan de kerncriteria inzake doeltreffendheid te voldoen. Bij het vaststellen van de institutionele organisatie van hun NCP zullen de regeringen, waar van toepassing, de actieve steun inroepen van de sociale partners en van andere belanghebbenden en andere relevante overheidsinstanties.

Dit houdt in dat de NCP's:

1. Zodanig zijn samengesteld en georganiseerd en van voldoende middelen zijn voorzien dat zij een effectieve basis vormen om het brede spectrum van aangelegenheden vervat in de *Richtlijnen* te behandelen en dat zij toegang hebben tot expertise met betrekking tot alle relevante aspecten van het NCP-mandaat, op onpartijdige wijze opereren, en in voldoende mate verantwoordingsplichtig blijven aan de onderschrijvende overheid.
2. Verscheidene organisatievormen kunnen aanwenden om aan de kerncriteria inzake doeltreffendheid te voldoen en functionele gelijkwaardigheid na te streven, rekening houdend met het belang van het behoud van het vertrouwen van de belanghebbenden. Zo kan een NCP bestaan uit een hoge ambtenaar of een overheidsdienst geleid door een hoge ambtenaar, of uit een instantie waarin verschillende agentschappen of ministeries samenwerken en die bestaat uit hoge ambtenaren of onder leiding staat van een hoge ambtenaar, of een instantie die is samengesteld uit vertegenwoordigers van de overheid, het bedrijfsleven, werknemersorganisaties en andere niet-gouvernementele organisaties (multi-stakeholder) en/of onafhankelijke deskundigen. Regeringen worden aangemoedigd om vertegenwoordigers van het bedrijfsleven,

werknemersorganisaties en andere niet-gouvernementele organisaties op te nemen in advies- of toezichtsorganen wanneer dit nuttig is om het NCP bij te staan bij zijn taken.

3. Zinvolle betrekkingen ontwikkelen en onderhouden en in voorkomend geval samenwerken met de sociale partners, alsook met vertegenwoordigers van het bedrijfsleven, werknemersorganisaties en niet-gouvernementele organisaties en/of andere geïnteresseerde partijen die een bijdrage kunnen leveren aan de effectiviteit van de *Richtlijnen*.

B. Informatie en promotie

Het NCP zal:

1. De *Richtlijnen* bekendmaken en beschikbaar stellen met adequate middelen, ook door middel van online informatie, en in de nationale talen. De NCP's zouden ook de desbetreffende OESO Due Diligence Handreiking over Maatschappelijk Verantwoord Ondernemen moeten bevorderen, rekening houdend met de specifieke aard van de handreiking zoals vermeld in hoofdstuk II, Toelichting, paragraaf 15 van de *Richtlijnen*. Relevante belanghebbenden, met inbegrip van potentiële investeerders (die in of vanuit het land willen investeren), zouden indien nodig over de *Richtlijnen* geïnformeerd moeten worden.
2. Activiteiten ondernemen om de bekendheid van de *Richtlijnen* en hun implementatieprocedures te vergroten, mede door samenwerking met relevante overheidsinstanties, het bedrijfsleven, de werknemersorganisaties, de andere niet-gouvernementele organisaties en het belangstellende publiek, voor zover relevant.
3. Vragen om inlichtingen over de *Richtlijnen* en de OESO Due Diligence Handreiking en ook over het NCP zelf, beantwoorden, waaronder vragen afkomstig van:
   a) andere NCP's;
   b) het bedrijfsleven, de werknemersorganisaties, de andere niet-gouvernementele organisaties en het publiek; en
   c) regeringen van niet-Onderschrijvende landen.

C. Specifieke gevallen

Het NCP zal, als buitengerechtelijk klachtenmechanisme, bijdragen aan het oplossen van kwesties die in specifieke gevallen ontstaan bij de implementatie van de *Richtlijnen*, op een wijze die in overeenstemming is met de kerncriteria inzake doeltreffendheid die zijn opgesomd in Deel I.A hierboven. De NCP's zullen hun procedures voor de behandeling van zaken publiceren, d.w.z. de procedures die zij volgen bij de behandeling van specifieke gevallen, die in overeenstemming zijn met deze Procedures. NCP's worden aangemoedigd hun belanghebbenden te raadplegen bij de ontwikkeling van hun procedures voor de behandeling van zaken. Het NCP zal een discussieforum vormen en zijn kennis over de *Richtlijnen* aanbieden om het bedrijfsleven, de werknemersorganisaties, andere niet-gouvernementele organisaties en andere betrokken partijen te helpen de aan de orde gestelde kwesties efficiënt, binnen redelijke termijn en in overeenstemming met het geldende recht en de *Richtlijnen* op te lossen. Afhankelijk van de kenmerken van elk geval kan deze assistentie bestaan uit het ondersteunen van een constructieve dialoog, het faciliteren van overeenkomsten tussen de partijen en/of het doen van aanbevelingen. Deze assistentie kan onder meer tot doel hebben de uitvoering van de *Richtlijnen* in de toekomst te bevorderen en/of negatieve gevolgen aan te pakken op een wijze die in overeenstemming is met de *Richtlijnen*.

Bij het verlenen van deze assistentie zal het NCP:

1. Als er andere NCP's betrokken zijn vanwege de kenmerken van het specifieke geval, te goeder trouw met hen overleggen om samen de leidende en ondersteunende NCP's te kiezen.
2. Overleg plegen met de partijen over de aan de orde gestelde kwesties en een initiële beoordeling maken van de vraag of deze kwesties nader onderzoek rechtvaardigen en een reactie sturen naar de betrokken partijen.

3. Indien het NCP op grond van een initiële beoordeling besluit dat de aan de orde gestelde kwesties nader onderzoek rechtvaardigen, zijn goede diensten aanbieden om de betrokken partijen te helpen deze op te lossen. Hiertoe zal het NCP met deze partijen overleggen en waar nodig:
   a) advies inwinnen bij de relevante autoriteiten en/of vertegenwoordigers van het bedrijfsleven, de werknemersorganisaties, andere niet-gouvernementele organisaties en deskundigen ter zake;
   b) het NCP of de NCP's raadplegen in alle andere betrokken Onderschrijvende of niet-Onderschrijvende landen;
   c) bij twijfel over de interpretatie van de *Richtlijnen* informatie over soortgelijke specifieke gevallen bij het Secretariaat inwinnen of het WPRBC om richtsnoeren vragen. Dergelijke informatie en richtsnoeren zijn adviserend, vertrouwelijk en specifiek voor een geval en zijn niet bedoeld als verduidelijking van de interpretatie van de *Richtlijnen*, dat de verantwoordelijkheid van het Comité blijft overeenkomstig Deel II.2.c) hieronder. Het zou, afhankelijk van de beschikbare middelen, zo snel mogelijk ter beschikking moeten worden gesteld om vertragingen bij de behandeling van de zaak te voorkomen;
   d) op consensus gerichte, niet-conflictueuze middelen, zoals mediation of bemiddeling voorstellen, om te helpen de kwesties op te lossen en indien partijen hiermee instemmen, de toegang daartoe te vergemakkelijken.
4. Bij de afronding van de procedures en na consultatie van de betrokken partijen, de resultaten van de procedures publiekelijk beschikbaar stellen, daarbij de noodzaak gevoelige bedrijfsinformatie en andere informatie over belanghebbende te beschermen in acht nemend, door het publiekelijk bekendmaken van een eindverklaring:
   a) indien het NCP besluit dat de aan de orde gestelde kwesties geen nader onderzoek rechtvaardigen. De verklaring zou ten minste een beschrijving moeten bevatten van de aan de orde gestelde kwesties, de respectieve standpunten van de partijen naargelang van toepassing, de stappen die het NCP heeft ondernomen bij het beoordelen van de melding en de betrokkenheid van de partijen bij de procedure, en de redenen voor het besluit van het NCP;
   b) wanneer de partijen overeenstemming hebben bereikt over de aan de orde gestelde kwesties. In de verklaring zouden ten minste de aan de orde gestelde kwesties, de respectieve standpunten van de partijen, de stappen die het NCP heeft ondernomen om de partijen te assisteren en de datum waarop overeenstemming is bereikt, moeten worden beschreven. Informatie over de inhoud van de overeenkomst wordt alleen opgenomen indien de betrokken partijen daarmee instemmen. Het NCP kan in voorkomend geval ook aanbevelingen over de uitvoering van de *Richtlijnen* opnemen in zijn verklaringen wanneer overeenstemming is bereikt;
   c) wanneer geen overeenstemming wordt bereikt of wanneer een partij niet bereid is aan de procedure deel te nemen. In deze verklaring zouden ten minste de aan de orde gestelde kwesties moeten worden beschreven, de respectieve standpunten van de partijen in voorkomend geval, de redenen waarom het NCP heeft besloten dat de aan de orde gestelde kwesties nader onderzoek rechtvaardigden en de stappen die het NCP heeft ondernomen om de partijen bij te staan, met inbegrip van informatie over de betrokkenheid van de partijen bij de procedure. In voorkomend geval zou het NCP ook aanbevelingen moeten doen over de uitvoering van de *Richtlijnen*. Indien gepast kan de verklaring ook de redenen bevatten waarom geen overeenstemming kon worden bereikt. Indien het toepasselijke recht en de procedures van het NCP voor de behandeling van zaken dit toestaan, kan het NCP naar eigen goeddunken in zijn eindverklaring zijn standpunten uiteenzetten over de vraag of de onderneming de *Richtlijnen* heeft nageleefd.

Het NCP stelt het Comité en de WPRBC tijdig op de hoogte van de resultaten van zijn specifieke gevallen.

5. In voorkomend geval een follow-up geven zodra het specifieke geval is afgesloten, over de uitvoering van de aanbevelingen of, in voorkomend geval, over de door de partijen bereikte overeenstemming. Het NCP zou een vervolgverklaring moeten publiceren. Elke follow-up die het NCP van plan is uit te voeren, zou moeten worden vermeld in de eindverklaring, met inbegrip van de termijnen daarvoor.
6. Transparant te werk gaan en de partijen bij een specifiek geval op de hoogte brengen van alle relevante feiten en argumenten die door andere partijen aan het NCP worden voorgelegd, met name tijdens de fase van goede diensten. Op een redelijk verzoek van een partij, bijvoorbeeld om gevoelige informatie en/of de belangen van belanghebbenden in het specifieke geval te beschermen, kan het NCP echter bepaalde informatie van de andere partijen vertrouwelijk houden.
7. De partijen ervan in kennis stellen dat zij tijdens of na de procedure geen feiten en argumenten die door de andere partijen of het NCP zijn gedeeld (met inbegrip van, in voorkomend geval, door een externe bemiddelaar of verzoener) tijdens de in de paragrafen 1 tot en met 5 beschreven procedures openbaar mogen maken, tenzij de delende partij instemt met de openbaarmaking ervan, deze feiten en argumenten reeds openbaar zijn, of het niet openbaar maken van die feiten en argumenten in strijd zou zijn met de bepalingen van het nationale recht.
8. Indien zich problemen voordoen bij niet-Onderschrijvende landen, stappen ondernemen om inzicht te krijgen in de ontstane kwesties en deze Procedures volgen.
9. Gedurende het hele proces zouden de NCP's alle passende maatregelen moeten nemen binnen hun mogelijkheden om het risico van represailles tegen partijen bij een specifiek geval aan te pakken. Indien zij kennis krijgen van daadwerkelijke of potentiële represailles, zouden de NCP's, voor zover mogelijk, de betrokken partij moeten ondersteunen bij het voorkomen en beperken van eventuele schade en contact opnemen met de relevante autoriteiten, waar mogelijk in overleg met de persoon of personen die gevaar lopen. Regeringen zouden ook passende maatregelen moeten nemen om het NCP en zijn leden te beschermen tegen represailles.

D. Ondersteuning van de inspanningen van de overheid om maatschappelijk verantwoord ondernemen te bevorderen

Om de doeltreffendheid van de *Richtlijnen* te bevorderen, kunnen de NCP's, in voorkomend geval en in coördinatie met de betrokken overheidsinstanties, steun verlenen aan de inspanningen van hun regering om beleid ter bevordering van maatschappelijk verantwoord ondernemen te ontwikkelen, uit te voeren en te bevorderen. Bij het verlenen van of verzoeken om dergelijke steun zou rekening moeten worden gehouden met de middelen en capaciteit van het NCP om hun in paragraaf I.1 van het Besluit beschreven verantwoordelijkheden te vervullen.

E. Rapportering

1. Elk NCP rapporteert jaarlijks aan het Comité en de WPRBC.
2. De rapporten zouden informatie moeten bevatten over de aard en resultaten van de activiteiten van het NCP, met inbegrip van specifieke gevallen.

F. Collegiale toetsingen

De Onderschrijvende landen voeren periodieke collegiale toetsingen van hun NCP uit, georganiseerd door het Secretariaat, als middel om de doeltreffende uitvoering van de *Richtlijnen* te verbeteren, beste praktijken uit te wisselen en de doeltreffendheid en functionele gelijkwaardigheid van het NCP te bevorderen. Modaliteiten voor periodieke collegiale toetsingen, met inbegrip van procedures voor het uitvoeren van collegiale toetsingen, de duur van de intercollegiale toetsingscyclus en financieringsregelingen, zullen door de WPRBC worden goedgekeurd en aan het einde van elke cyclus worden herzien. De eerste cyclus van periodieke collegiale toetsingen zal pas van start gaan nadat dergelijke modaliteiten zijn goedgekeurd.

II. Investeringscomité, WPRBC en het Secretariaat

1. Het Comité, de WPRBC en het Secretariaat behandelen verzoeken van NCP's om hulp bij de uitvoering van hun werkzaamheden, waaronder gevallen van twijfel over de interpretatie van de *Richtlijnen* in bepaalde omstandigheden, elk in overeenstemming met hun respectieve verantwoordelijkheden.

Met het oog op het verbeteren van de effectiviteit van de *Richtlijnen* en de functionele gelijkwaardigheid van de NCP's zal het Comité, met ondersteuning van de WPRBC:

a) de in punt I.E. beschreven jaarverslagen van de NCP's bespreken. Op basis van dergelijke verslagen zal de WPRBC jaarlijks een openbaar verslag uitbrengen waarin de activiteiten van de NCP's worden geanalyseerd;

b) een gemotiveerde vraag door een Onderschrijvend land, een adviesorgaan (BIAC of TUAC) of OECD Watch over de wijze waarop een NCP invulling geeft aan zijn taken ten aanzien van de behandeling van specifieke gevallen bespreken. Het Comité keurt het antwoord bij consensus goed. Het Onderschrijvende land wiens NCP het voorwerp is van een gemotiveerde vraag, zal te goeder trouw aan het proces deelnemen en zich bij de consensus aansluiten, behalve in uitzonderlijke omstandigheden;

c) overwegen een nadere toelichting te geven van de interpretatie van de *Richtlijnen* op verzoek van een Onderschrijvnd land, een adviesorgaan (BIAC of TUAC) of OECD Watch. Een dergelijk verzoek kan betrekking hebben op de vraag of een NCP de *Richtlijnen* in specifieke gevallen correct heeft geïnterpreteerd, maar in dergelijke gevallen zal het Comité geen conclusies trekken over het gedrag van individuele ondernemingen;

d) waar nodig aanbevelingen doen om het functioneren van NCP's te verbeteren en de doelmatige implementatie van de *Richtlijnen* te bevorderen. Wanneer het Comité op basis van de laatste twee jaarlijkse rapportagecycli en op voorstel van de WPRBC vaststelt dat een NCP gedurende langere tijd en zonder gegronde reden, duidelijk niet in overeenstemming met deze Procedures heeft gehandeld, kan het passende aanbevelingen doen aan het Onderschrijvend land en deze verzoeken binnen een bepaalde termijn verslag uit te brengen, en het Comité kan dit herhaaldelijk doen totdat het ervan overtuigd is dat de kwesties zijn aangepakt. Het Comité en de WPRBC zullen hierover bij consensus besluiten. Het Onderschrijvende land wiens NCP betrokken is, zal te goeder trouw aan het proces deelnemen en wordt geacht zich aan te sluiten bij de consensus, behalve in uitzonderlijke omstandigheden;

e) samenwerken met internationale partners;

f) contacten leggen met belangstellende niet-Onderschrijvende landen over aangelegenheden die onder de *Richtlijnen* vallen en de uitvoering ervan.

3. Het Comité en de WPRBC kunnen over alle aangelegenheden die in de *Richtlijnen* aan de orde komen het advies van deskundigen inwinnen en in overweging nemen. Het Comité beslist over geschikte procedures hiervoor.

4. Het Comité en de WPRBC zullen hun verantwoordelijkheden op efficiënte en tijdige wijze vervullen.

5. In het vervullen van hun verantwoordelijkheden worden het Comité en de WPRBC bijgestaan door het Secretariaat, dat, onder de algemene leiding van het Comité en de WPRBC en afhankelijk van het Werkprogramma en Budget van de Organisatie:

a) als centraal informatiepunt voor NCP's zal fungeren wanneer zij vragen hebben over de bevordering, interpretatie en uitvoering van de *Richtlijnen*. Informatie over de interpretatie van de *Richtlijnen* wordt verstrekt overeenkomstig I.C.2.c). hierboven;

b) verzamelen en publiekelijk beschikbaar maken zal - onder meer door de WPRBC te ondersteunen bij de publicatie van het jaarverslag waarin de NCP-activiteiten onder II.2.a worden geanalyseerd - van relevante informatie over recente trends en opkomende gebruiken met betrekking tot de institutionele organisatie van NCP's, promotieactiviteiten en de toepassing van de *Richtlijnen* in specifieke gevallen. Het Secretariaat zal uniforme kaders voor verslaglegging ontwikkelen ten behoeve van het verwezenlijken en bijhouden van een actuele database over door NCP's ontvangen specifieke gevallen, en zal hiervan reguliere analyses uitvoeren;

c) activiteiten zal faciliteren waarbij NCP's, in het bijzonder de NCP's van nieuwe Onderschrijvende landen, van elkaar leren, evenals capaciteitsopbouw en training, met betrekking tot de *Richtlijnen* en de bijbehorende implementatieprocedures zoals promotie en het faciliteren van verzoening en bemiddeling;

d) periodieke collegiale toetsingen van NCP's zal organiseren, zoals aangegeven in Deel I.F. hierboven;

e) waar gepast, samenwerking zal faciliteren tussen NCP's; en;

f) de *Richtlijnen* zal promoten op relevante internationale fora en bijeenkomsten en ondersteuning bieden aan NCP's en het Comité bij hun inspanningen tot het vergroten van de bekendheid van de Richtlijnen onder niet-Onderschrijvende landen.

III. Diversen

Aan deze Procedures kunnen geen aanvullende rechten of verplichtingen ingevolge het internationaal recht worden ontleend.

Toelichting op de implementatieprocedures van de OESO-richtlijnen voor multinationale ondernemingen inzake maatschappelijk verantwoord ondernemen

1. Het Besluit van de Raad belichaamt het commitment van de Onderschrijvende landen om de implementatie van de aanbevelingen die in de *Richtlijnen* zijn verwoord, te bevorderen. De Procedures zijn aan het Besluit van de Raad gehecht en bevatten verwachtingen, aanbevelingen en andere richtsnoeren voor Onderschrijvende landen, Nationale Contactpunten voor maatschappelijk verantwoord ondernemen (NCP's), het Investeringscomité (het Comité), de Werkgroep over maatschappelijk verantwoord ondernemen (WPRBC) en het Secretariaat, waarbij er geen aanvullende rechten of verplichtingen ingevolge het internationaal recht ontstaan. Verwachtingen worden aangegeven met (vervoegingen van) "zullen". Aanbevelingen worden aangeduid met (vervoegingen van) "zouden moeten" of "aanmoedigen". Richtsnoeren worden aangeduid met (vervoegingen van) "mogen" of "kunnen".

2. In het Besluit van de Raad worden de voornaamste verantwoordelijkheden neergelegd die de Onderschrijvende landen in het kader van de *Richtlijnen* hebben ten aanzien van de NCP's:

- het opzetten van NCP's en het informeren van belanghebbende partijen over de beschikbaarheid van de faciliteiten in het kader van de *Richtlijnen*;
- het beschikbaar stellen van de noodzakelijke personele en financiële middelen;
- het in staat stellen van de NCP's van verschillende Onderschrijvende landen om zo nodig met elkaar samen te werken;
- het in staat stellen van de NCP's om regelmatig bijeen te komen en verslag uit te brengen aan het Comité.

3. In het Besluit van de Raad worden ook de verantwoordelijkheden van het Comité in het kader van de *Richtlijnen* vastgesteld, waaronder:

- het organiseren van gedachtewisselingen over aangelegenheden die met de *Richtlijnen* samenhangen;
- waar nodig geven van uitleg;
- het organiseren van gedachtewisselingen over de activiteiten van NCP's;
- het rapporteren over de *Richtlijnen* aan de Raad van de OESO.

4. Het Investeringscomité is het OESO-orgaan dat belast is met het toezicht op het functioneren van de *Richtlijnen*. Zijn taak is niet beperkt tot de *Richtlijnen*, maar betreft alle elementen van de Verklaring (de

onderdelen inzake nationale behandeling, internationale investeringsstimulansen en -belemmeringen, en tegenstrijdige verplichtingen). Het Comité waakt erover dat alle elementen van de Verklaring worden gerespecteerd en begrepen en dat ze elkaar aanvullen en met elkaar in harmonie zijn.

5. De WPRBC is een hulporgaan van het Comité met verantwoordelijkheden met betrekking tot de *Richtlijnen* en het Besluit. In de Procedures wordt een aantal manieren opgesomd waarop de WPRBC het Comité assistentie verleent, waaronder:

- organisatie van de collegiale toetsingen door het Secretariaat en de goedkeuring van verslagen van collegiale toetsing;
- Het verstrekken van advies aan NCP's die vragen hebben over de interpretatie van de
- *Richtlijnen* in bijzondere omstandigheden;
- Het voorbereiden van de antwoorden van het Comité op gemotiveerde vragen en verzoeken om verduidelijking van de *Richtlijnen*;
- Het Comité adviseren aanbevelingen te doen aan het Onderschrijvende land wiens NCP gedurende langere tijd en zonder gegronde reden duidelijk niet meer functioneert;
- Het Comité ondersteunen bij het bestuderen van jaarverslagen van NCP's en het uitbrengen van een jaarlijks openbaar verslag over de activiteiten van NCP's.

6. Gezien het toenemende belang van maatschappelijk verantwoord ondernemen voor niet-Onderschrijvende landen is in het Besluit ook in overleg en samenwerking voorzien met niet-Onderschrijvende landen over aangelegenheden die in de *Richtlijnen* aan de orde komen. Op grond van deze bepaling kan het Comité speciale bijeenkomsten organiseren met geïnteresseerde niet-Onderschrijvende landen om inzicht in de normen en principes van de *Richtlijnen* en de uitvoeringsprocedures daarvan te bevorderen. Met inachtneming van relevante procedures van de OESO kan het Comité hen ook betrekken in speciale activiteiten of projecten over maatschappelijk verantwoord ondernemen, door hen bijvoorbeeld uit te nodigen voor zijn bijeenkomsten.

7. Het Comité zal samenwerken met de NCP's en naar mogelijkheden zoeken om samen met de adviesorganen (BIAC en TUAC), OECD Watch en andere internationale partners de doeltreffende uitvoering van de *Richtlijnen* proactief te bevorderen. In het bijzonder zal het Comité, in het kader van zijn werkzaamheden om toe te zien op de uitvoering van de Verklaring, met de steun van de WPRBC, richtsnoeren verstrekken over gepaste zorgvuldigheid en ernaar streven het vermogen van het bedrijfsleven te vergroten om gepaste zorgvuldigheid te betrachten bij maatschappelijk verantwoord ondernemen, ook in specifieke sectoren, geografische gebieden en risicogebieden. Het zal onder meer worden uitgevoerd door betrokkenheid van meerdere belanghebbenden en rekening houden met de behoeften van kleine en middelgrote ondernemingen, in samenwerking met de NCP's. Verdere aanwijzingen voor NCP's in dit verband zijn te vinden in onderstaande paragraaf 21.

I. Toelichting op de procedures voor de NCP's

8. NCP's vervullen een belangrijke rol bij de vergroting van de bekendheid en de effectiviteit van de *Richtlijnen*. Terwijl ondernemingen verantwoordelijk zijn voor de inachtneming van de *Richtlijnen* in de dagelijkse praktijk, kunnen overheden en hun NCP's bijdragen aan de effectieve uitvoering van de *Richtlijnen*. Met het oog hierop hebben zij afgesproken dat de NCP's beter aangestuurd moeten worden bij hun organisatie en activiteiten, onder meer door regelmatige bijeenkomsten en toezicht door het Comité.

9. De meeste functies en activiteiten die in de Procedures bij het Besluit worden vermeld, zijn niet nieuw maar vormen de weerslag van ervaringen en aanbevelingen die in de loop der jaren zijn ontwikkeld. Door ze expliciet te formuleren wordt de beoogde werking van de uitvoeringsmechanismen van de

Richtlijnen doorzichtiger. Alle functies worden nu in de procedurele aanwijzingen voor de NCP's uiteengezet in zes delen: organisatie, informatie en promotie, specifieke gevallen, ondersteuning van inspanningen van de overheid om maatschappelijk verantwoord ondernemerschap te bevorderen, rapportage en periodieke collegiale toetsingen.

10. Deze zes delen worden voorafgegaan door een inleidende paragraaf waarin het hoofddoel van de NCP's wordt omschreven, samen met de kerncriteria inzake doeltreffendheid. Hoewel de overheden ruimte krijgen in de manier waarop zij hun NCP's organiseren, zouden alle NCP's moeten functioneren met een gelijke mate aan doeltreffendheid, omschreven als "functionele gelijkwaardigheid". Functionele gelijkwaardigheid is van cruciaal belang voor de effectieve bijdrage van het gehele NCP-netwerk aan de uitvoering van de *Richtlijnen*, met name wat betreft de volledige betrokkenheid van alle NCP's bij het mechanisme voor specifieke gevallen. Een dergelijke betrokkenheid van alle NCP's is belangrijk voor het vertrouwen van de belanghebbenden en de volledige doeltreffendheid van de NCP's over de hele linie. Alle NCP's zullen, elk in het licht van hun specifieke omstandigheden, streven naar functionele gelijkwaardigheid door te voldoen aan de hieronder beschreven kerncriteria inzake doeltreffendheid bij de uitvoering van hun verantwoordelijkheden, die ook het Comité en de WPRBC zullen helpen bij collegiale toetsingen en bij het bespreken van hoe de NCP's zich gedragen.

Kerncriteria inzake doeltreffendheid voor functionele gelijkwaardigheid van de activiteiten van NCP's:

a. Zichtbaar.

Overeenkomstig het Besluit verbinden de Onderschrijvende landen zich ertoe NCP's op te richten die gemakkelijk kunnen worden gevonden door belanghebbenden en relevante overheidsinstanties binnen en buiten hun land, en tevens het bedrijfsleven, werknemersorganisaties en andere belanghebbende partijen, waaronder ngo's, te informeren over de beschikbaarheid van de faciliteiten die de NCP's in verband met de implementatie van de *Richtlijnen* bieden. Als eerste stap in dit verband moeten de NCP's over een uitgebreide website of webpagina beschikken. Van regeringen wordt verwacht dat zij informatie over hun NCP's publiceren, zoals waar deze in het overheidsstelsel is ondergebracht, institutionele organisatie en procedures voor de behandeling van zaken, en een actieve rol in de bekendmaking van de *Richtlijnen* spelen, bijvoorbeeld door het organiseren van evenementen of publiceren van materiaal hierover. Dergelijke evenementen of materialen kunnen worden georganiseerd of opgesteld in samenwerking met het bedrijfsleven, werknemersorganisaties, ngo's en andere belanghebbende partijen, hoewel niet noodzakelijkerwijs met allemaal tegelijk.

b. Toegankelijk.

Gemakkelijke toegang tot NCP's is een essentiële voorwaarde voor het goed functioneren ervan. Dit geldt voor bedrijfsleven, werknemersorganisaties, ngo's en andere leden van het publiek. De NCP's zouden alle gerechtvaardigde verzoeken om informatie moeten beantwoorden en zich ertoe moeten verbinden efficiënt en binnen een redelijke tijd in te gaan op specifieke gevallen. NCP's zullen geen kosten voor het indienen van een zaak in rekening brengen en de vereisten hiervoor zullen duidelijk worden vermeld, gemakkelijk beschikbaar zijn en niet onnodig zwaar zijn. In voorkomend geval en rekening houdend met de beschikbare tijd en financiële middelen van het NCP, kunnen de NCP's ook onpartijdige en billijke assistentie verlenen aan de betrokken partijen. Deze assistentie kan bijvoorbeeld betrekking hebben op het gebruik van talen en vertalingen, aanwijzingen voor het opstellen van een ontvankelijke indiening en bemiddeling, een flexibele houding wat betreft termijnen, of het bieden van betaalbare opties voor deelname aan het proces, zoals faciliteiten voor online bijeenkomsten.

c. Transparant.

Transparantie is een belangrijk criterium in verband met de bijdrage daarvan aan de andere kerncriteria inzake doeltreffendheid; ook is het van belang om het vertrouwen van de belanghebbenden, de partijen bij een specifiek geval en het grote publiek te winnen. Als algemeen beginsel en met inachtneming van het toepasselijke recht zullen de activiteiten van het NCP dus transparant zijn. Bij het publiceren van de jaarverslagen bij de OESO kunnen NCP's bijvoorbeeld transparant te werk gaan. Niettemin kan het NCP in specifieke gevallen bepaalde aspecten van de procedure vertrouwelijk houden, in overeenstemming met Deel I.C.6.-7 van de Procedures en de bijbehorende toelichting.

d. Verantwoordingsplichtig.

Gezien hun rol om de bekendheid van de *Richtlijnen* te vergroten - en hun potentiële bijdrage aan de oplossing van delicate problemen tussen ondernemingen en de samenlevingen waarin ze werken - zullen de NCP's verantwoording afleggen voor hun activiteiten. Op nationaal niveau zouden parlementen, regeringen, adviesorganen van NCP's, waar deze bestaan, alsook belanghebbenden, een rol kunnen spelen bij het geven van feedback over de activiteiten van NCP's en kunnen fungeren als een bron van permanente educatie om de prestaties van NCP's te verbeteren. Jaarverslagen en regelmatige vergaderingen van de NCP's, peer-learningactiviteiten en collegiale toetsingen bieden de gelegenheid om ervaringen te delen en "beste praktijkvoorbeelden" van de NCP's aan te moedigen. Het Comité en de WPRBC zullen ook gezichtspunten en ervaringen uitwisselen, waarbij de doeltreffendheid van de activiteiten van de NCP's kan worden beoordeeld.

e. Onpartijdig en billijk.

Een onpartijdige en billijke houding zijn voorwaarden voor het blijvende vertrouwen van belanghebbenden, partijen bij specifieke gevallen en het grote publiek. Regeringen zullen hun NCP's daarom zo organiseren dat zij als zodanig kunnen optreden en als zodanig kunnen worden ervaren. De NCP's zullen onpartijdigheid waarborgen bij specifieke gevallen, onder meer door actief te streven naar het voorkomen en aanpakken van potentiële of vermeende belangenconflicten van personen die namens het NCP een rol spelen bij het assisteren van de partijen bij het oplossen van kwesties die in een specifiek geval aan de orde zijn gesteld. De NCP's zouden er ook naar moeten streven om, met name door middel van duidelijke en toegankelijke procedures voor de behandeling van zaken, ervoor te zorgen dat de partijen deel kunnen nemen aan het proces onder eerlijke en billijke voorwaarden, bijvoorbeeld door ervoor te zorgen dat onevenwichtigheden op het gebied van macht en middelen de partijen niet beletten daadwerkelijk deel te nemen aan het proces, of door redelijke toegang te verlenen tot informatiebronnen die relevant zijn voor de procedure.

f. Voorspelbaar.

Bij de activiteiten van de NCP's zal duidelijke en publiekelijk beschikbare informatie verschaft worden over hun rol en de procedures die zij volgen bij het uitoefenen van hun verantwoordelijkheden, met name bij het behandelen van specifieke gevallen. Deze informatie zou onder meer moeten worden verstrekt op de volgende gebieden:

- het bieden van goede diensten;
- de fasen van het specifieke geval, met inbegrip van indicatieve termijnen en criteria voor de initiële beoordeling;
- verwachtingen van goede trouw en geheimhouding;
- de aard van het proces en de mogelijke resultaten ervan, en
- de rol die NCP's kunnen spelen bij het toezicht op de uitvoering van overeenkomsten tussen de partijen of aanbevelingen van het NCP.

De NCP's zullen de procedures voor de behandeling van zaken publiceren die in duidelijke en toegankelijke bewoordingen zijn opgesteld, en informeren de partijen regelmatig over de voortgang van de zaak, met name wanneer de in de paragrafen 51 en 52 vermelde indicatieve termijnen moeten worden verlengd.

g. Verenigbaar met de *Richtlijnen*.

De NCP's zullen functioneren op een wijze die verenigbaar is met de *Richtlijnen*. Bij de behandeling van specifieke gevallen betekent dit met name dat met de partijen moet worden samengewerkt om situaties te vermijden waarin overeenkomsten in strijd zijn met de *Richtlijnen* of waarin de procedures voor de behandeling van zaken niet in overeenstemming zijn met de Procedures.

Institutionele organisatie

11. De institutionele organisatie van het NCP zal het in staat stellen te voldoen aan de kerncriteria inzake doeltreffendheid, waar van toepassing het vertrouwen van de sociale partners en andere belanghebbenden te behouden en het openbaar profiel van de *Richtlijnen* te bevorderen. Het Besluit en de Procedures bieden de Onderschrijvende landen flexibiliteit bij het nemen van besluiten over de institutionele organisatie van hun NCP, waarbij een aantal van de mogelijke opties in kaart worden gebracht. Zij bevatten ook een opsomming van de minimale kenmerken die nodig zijn om aan deze verwachtingen te voldoen, zoals het betrekken van hogere leidinggevenden, het beschikken over voldoende personele en financiële middelen en voldoende toegang tot expertise op het gebied van de onderwerpen die onder de *Richtlijnen* vallen. Regeringen kunnen ervoor kiezen een andere naam te gebruiken voor hun NCP, passend bij hun nationale context. Om het vertrouwen in het NCP te bevorderen, zouden regeringen de belanghebbenden moeten raadplegen over besluiten die grote gevolgen kunnen hebben voor de institutionele organisatie van een NCP.

12. Ongeacht de samenstelling die regeringen voor hun NCP hebben gekozen, worden zij aangemoedigd om, indien dit nuttig wordt geacht, advies- of toezichtsorganen met meerdere belanghebbenden op te richten om NCP's bij te staan bij hun taken.

13. Toereikende middelen zijn essentieel voor de doeltreffendheid en het gezag van de NCP's. Op grond van het Besluit moeten de Onderschrijvende landen hun NCP's voorzien van de personele en financiële middelen die het NCP nodig heeft om zijn taken doeltreffend uit te voeren op een wijze die volledig voldoet aan de doeltreffendheidscriteria. De Onderschrijvende landen worden aangemoedigd dergelijke middelen ter beschikking te stellen van de NCP's als onderdeel van een geoormerkt budget, wanneer van toepassing. In geval van personeelswisselingen zouden de Onderschrijvende landen moeten zorgen voor continuïteit. Dit kan inhouden dat nieuwe medewerkers naar behoren worden opgeleid, naar behoefte en met de steun van het secretariaat, en dat het institutionele geheugen behouden blijft.

14. Ongeacht hun samenstelling zullen de NCP's zinvolle betrekkingen ontwikkelen en onderhouden en in gesprek blijven met vertegenwoordigers van het bedrijfsleven, werknemersorganisaties, andere niet-gouvernementele organisaties en andere geïnteresseerde partijen om de actieve steun en het vertrouwen van belanghebbenden te verwerven.

Informatie en promotie

15. De NCP-functies op het vlak van informatie en promotie zijn van cruciaal belang om de bekendheid en het bewustzijn van de *Richtlijnen* bij belanghebbenden en het algemene publiek te vergroten en ondernemingen aan te moedigen om in overeenstemming met de *Richtlijnen* te handelen en daarbij gebruik te maken van de OESO Due Diligence Handreiking.

16. Van NCP's wordt verlangd dat zij de *Richtlijnen* actief bevorderen en zij worden aangemoedigd de OESO Due Diligence Handreiking waar nodig te promoten, met name zoals aanbevolen in de aanbevelingen van de Raad over dergelijke handreikingen, en rekening houdend met de specifieke aard van de *Richtlijnen* zoals vermeld in hoofdstuk II, Toelichting, paragraaf 15 van de handreiking. Voorbeelden

van promotieactiviteiten zijn het verstrekken van materiaal aan belanghebbenden of de organisatie van of deelname aan evenementen over maatschappelijk verantwoord ondernemen. Ook door de OESO, andere NCP's of relevante actoren georganiseerde evenementen over maatschappelijk verantwoord ondernemen kunnen worden bevorderd. Promotieactiviteiten van het NCP en daarmee verband houdende informatie zouden gemakkelijk toegankelijk, online beschikbaar en op andere passende wijze beschikbaar moeten zijn, ook in de nationale talen. Op de website van het NCP zouden links naar de *Richtlijnen* en de OESO Due Diligence Handreiking voor maatschappelijk verantwoord ondernemen moeten worden opgenomen. Het OESO-secretariaat stelt versies in het Engels en in het Frans beschikbaar.

17. Voor zover nodig zullen de NCP's ernaar streven de bovengenoemde activiteiten en informatie op billijke wijze aan te bieden aan een divers en representatief scala van relevante belanghebbenden. In de Procedures worden potentiële investeerders, gericht op het binnenland of het buitenland, als voorbeeld genoemd. NCP's worden ook aangemoedigd contact op te nemen met relevante overheidsinstanties en diplomatieke netwerken, die als belangrijke aanjagers kunnen fungeren om de *Richtlijnen* te bevorderen en het NCP onder de aandacht te brengen, onder meer bij belanghebbenden in andere landen. Afhankelijk van de context en de middelen van een NCP kunnen het in kaart brengen van belanghebbenden en promotieplannen het bereik en de impact van de promotie-inspanningen van een NCP helpen vergroten.

18. NCP's zouden ook informatie moeten verstrekken over hun verantwoordelijkheden en activiteiten in het licht van de kerncriteria inzake doeltreffendheid. NCP's zouden hun rol in specifieke gevallen onder de aandacht moeten brengen van relevante belanghebbenden, waaronder, waar mogelijk en passend, potentiële indieners van specifieke gevallen. Dit zou informatie moeten omvatten over het proces dat de partijen moeten volgen voor het melden van of reageren op een specifiek geval, advies over de informatie die nodig is om een specifiek geval te melden, de vereisten voor partijen die deelnemen aan de procedure voor specifieke gevallen, waaronder geheimhouding, en de processtappen en indicatieve termijnen die het NCP zal hanteren.

19. Bij hun inspanningen om de bekendheid van de *Richtlijnen* te vergroten, zullen NCP's samenwerken met een groot aantal organisaties en personen waaronder, voor zover passend, relevante overheidsinstanties, het bedrijfsleven, werknemersorganisaties, andere niet-gouvernementele organisaties en overige belangstellenden uit het publiek. Deze organisaties hebben een groot belang bij de promotie van de *Richtlijnen* en hun institutionele netwerken creëren mogelijkheden voor promotie die de inspanningen van de NCP's, indien voor dit doel gebruikt, aanzienlijk zullen versterken.

20. Een andere basistaak die van de NCP's wordt verwacht is het beantwoorden van legitieme vragen. In dit verband worden drie groepen met name genoemd: 1) andere NCP's (conform een bepaling in het Besluit); 2) het bedrijfsleven, werknemersorganisaties, andere niet-gouvernementele organisaties en het publiek; 3) regeringen van niet-Onderschrijvende landen.

21. Om het Comité en de WPRBC te ondersteunen bij het proactief bevorderen van de uitvoering van de *Richtlijnen*, zouden de NCP's regelmatig contact moeten onderhouden, onder meer via bijeenkomsten, met de sociale partners, indien van toepassing, en andere belanghebbenden om:

a. nieuwe ontwikkelingen en opkomende praktijken met betrekking tot maatschappelijk verantwoord ondernemen te bespreken;

b. de positieve bijdragen die ondernemingen kunnen leveren aan economische, sociale en milieugerelateerde vooruitgang te ondersteunen;

c. deel te nemen, wanneer van toepassing, aan gezamenlijke initiatieven voor het identificeren en reageren op risico's op negatieve gevolgen die verbonden zijn aan specifieke producten, regio's, sectoren of industrieën.

Gezamenlijke leertrajecten

22. Als toevoeging aan de bijdragen aan het werk van het Comité en de WPRBC ter verbetering van de doelmatigheid van de *Richtlijnen* zullen NCP's gezamenlijke activiteiten ontplooien waarbij men van elkaar leert. Zulke activiteiten kunnen plaatsvinden in bijeenkomsten bij de OESO of door directe samenwerking tussen NCP's.

Collegiale toetsingen

23. Collegiale toetsingen zijn een belangrijk mechanisme om de doeltreffende uitvoering van de *Richtlijnen* te bevorderen, beste praktijken uit te wisselen en functionele gelijkwaardigheid te bevorderen. Zoals in het Besluit is uiteengezet, verbinden de Onderschrijvende landen zich ertoe periodieke collegiale toetsingen van de NCP's uit te voeren. Het Secretariaat zal dergelijke collegiale toetsingen organiseren onder toezicht van de WPRBC. In collegiale toetsingen wordt een evaluatie uitgevoerd van de sterke en zwakke punten van het NCP met betrekking tot de uitvoering van zijn mandaat en de in deel I van de Procedures vastgestelde kerncriteria inzake doeltreffendheid, en er worden in voorkomend geval aanbevelingen voor verbetering gedaan.

24. De wijze waarop de periodieke collegiale toetsingen worden georganiseerd (proces, duur van de toetsingscyclus en financieringsregelingen) zullen worden vastgesteld in een sjabloon ("Core Template for NCP Peer Reviews"), dat bij consensus door de WPRBC wordt goedgekeurd en op de OESO-website wordt gepubliceerd. De WPRBC zal het sjabloon aan het einde van elke cyclus herzien, met name om ervoor te zorgen dat NCP's voldoende tijd krijgen om hun collegiale toetsingen voor te bereiden, dat collegiale toetsingen geen onredelijke last vormen, kosteneffectief zijn voor overheden en NCP's (met inbegrip van de nationale contactpunten die een collegiale toetsing uitvoeren) en rekening houden met de werklast van de WPRBC en het Secretariaat, en dat bij het selectieproces voor de NCP's die collegiale toetsingen uitvoeren wordt gewaarborgd dat alle NCP's de kans krijgen om deel te nemen aan collegiale toetsingsteams. De cyclus van periodieke collegiale toetsingen zal pas van start gaan nadat de modaliteiten door de WPRBC zijn goedgekeurd.

Specifieke gevallen

25. Wanneer er in specifieke gevallen problemen bij de implementatie van de *Richtlijnen* ontstaan, wordt het NCP geacht te helpen deze op te lossen als een buitengerechtelijk klachtenmechanisme. In dat verband zullen de NCP's ernaar streven de dialoog tussen de partijen te vergemakkelijken en hen te ondersteunen bij het zoeken naar wederzijds aanvaardbare en met *Richtlijnen* verenigbare oplossingen voor de aan de orde gestelde kwesties, maar zullen zij deze dialoog ook actief onderbouwen met hun deskundigheid op het gebied van de *Richtlijnen*. De NCP's zouden ook op zodanige wijze eindverklaringen moeten opstellen dat deze als leidraad kunnen dienen voor het oplossen van de kwesties en het uitvoeren van de *Richtlijnen*. De OESO Due Diligence Handreiking voor Maatschappelijk Verantwoord Ondernemen en de OESO due diligence-handreikingen per sector zijn een nuttig hulpmiddel voor NCP's om de *Richtlijnen* te begrijpen en te bevorderen, maar zijn niet bedoeld als enige basis voor de indiening van specifieke gevallen. Elk NCP publiceert duidelijke en gemakkelijk toegankelijke procedures voor de behandeling van zaken met een beschrijving van zijn procedure voor het indienen van specifieke gevallen in overeenstemming met deze Procedures. NCP's worden aangemoedigd om in overleg met belanghebbenden hun procedures voor de behandeling van zaken te ontwikkelen.

Inzet te goeder trouw

26. De procedure voor specifieke gevallen is vrijwillig. Verwacht wordt dat alle bij de procedure betrokken partijen zich te goeder trouw inzetten. Inzet te goeder trouw houdt in deze context in dat tijdig wordt gereageerd, dat waar nodig de vertrouwelijkheid wordt gehandhaafd in overeenstemming met de procedures van het NCP voor de behandeling van zaken, dat de kwesties en het proces niet verkeerd worden voorgesteld, met name in de openbare communicatie, en dat er geen bedreigingen worden geuit of represailles worden genomen tegen partijen die betrokken zijn bij de procedure, of tegen het NCP zelf,

en dat daadwerkelijk wordt deelgenomen aan de procedure om een oplossing te vinden die verenigbaar is met de *Richtlijnen*, onder meer door een aanbod van goede diensten door het NCP serieus in overweging te nemen.

27. Indien een NCP merkt dat er een dreiging wordt geuit of represailles worden genomen tegen een persoon die betrokken is bij een specifiek geval, of tegen het NCP of een van zijn leden, zou het binnen zijn bevoegdheden en in voorkomend geval in overleg met andere relevante overheidsinstanties, zoals diplomatieke missies, stappen moeten ondernemen om ervoor te zorgen dat de persoon die in gevaar is passende bescherming geniet en dat de procedures op een veilige, toegankelijke, billijke en onpartijdige wijze kunnen worden voortgezet. Alvorens in dit verband actie te ondernemen, zal het NCP zo mogelijk overleg plegen met de persoon die risico loopt. Represailles kunnen bestaan uit bedreigingen om het individu, zijn familie of andere relaties iets aan te doen, ongepaste bedreigingen om de arbeidsverhouding of bepaalde voordelen te beëindigen of het ongepast dreigen met gerechtelijke stappen. Passende maatregelen zijn bijvoorbeeld het vertrouwelijk houden van de identiteit van de persoon die risico loopt, het voorstellen dat de persoon die risico loopt wordt vertegenwoordigd door een betrouwbare derde partij, het documenteren van pogingen tot represailles in verklaringen, het benaderen van de bevoegde autoriteiten of het bijstaan van de persoon in kwestie daarbij.

28. Om de toegankelijkheid en onpartijdigheid te waarborgen, zouden regeringen bovendien passende maatregelen moeten nemen om het NCP en zijn leden te beschermen tegen represailles, in overeenstemming met het nationale recht en in overleg met de bevoegde overheidsinstanties. Regeringen zouden de maatregelen van het NCP om zichzelf en zijn leden te beschermen moeten ondersteunen.

Coördinatie tussen NCP's bij specifieke gevallen

29. Aangezien de Onderschrijvende landen met de *Richtlijnen* ondernemingen aanspreken die "op of vanuit" hun grondgebied actief zijn, kunnen NCP's specifieke gevallen ontvangen over kwesties die in hun land plaatsvinden of die betrekking hebben op in hun land gevestigde ondernemingen. Bij bepaalde specifieke gevallen kunnen dus de NCP's van verschillende Onderschrijvende landen betrokken worden, bijvoorbeeld:

- wanneer een specifiek geval betrekking heeft op verschillende onderschrijvende thuis- en gastlanden (bijv. met betrekking tot de activiteiten van een onderneming met hoofdkantoor in een Onderschrijvend land die gevolgen hebben in een andere Onderschrijvend landof van een onderneming met verschillende hoofdkantoren in verschillende Onderschrijvende landen);
- wanneer de in een specifiek geval aan de orde gestelde kwesties zich in meerdere Onderschrijvende landen voordoen, of betrekking hebben op meerdere ondernemingen die in verschillende Onderschrijvende landen zijn gevestigd;
- wanneer dezelfde specifieke gevallen of aanverwante specifieke gevallen (zoals specifieke gevallen waarbij verschillende ondernemingen betrokken zijn die actief zijn in hetzelfde project of in dezelfde toeleveringsketen) bij verschillende NCP's worden ingediend.

In dergelijke situaties zullen de NCP's die het specifieke geval of de specifieke gevallen hebben ontvangen, van meet af aan alle andere betrokken NCP's informeren en met hen coördineren met als doel de leidende en ondersteunende NCP's aan te wijzen en coördinatieregelingen vast te stellen.

30. In het algemeen is het NCP van het land waar de kwesties zijn ontstaan het leidend NCP. In bepaalde situaties kunnen echter andere criteria worden toegepast, bijvoorbeeld wanneer dat nodig is om bij te dragen tot de oplossing van de aan de orde gestelde kwesties, of wanneer problemen zijn gerezen in een niet-Onderschrijvend land. De partijen zouden op de hoogte moeten worden gehouden van de coördinatieregelingen en worden geraadpleegd over besluiten om de zaak over te dragen aan een ander leidend NCP dan het NCP waaraan de zaak is voorgelegd.

31. Het leidend NCP is verantwoordelijk voor alle aspecten van het proces van het specifieke geval en zijn procedures voor de behandeling van zaken die daarop van toepassing zijn. Bij een specifiek geval worden de ondersteunende NCP's tijdens het hele proces op de hoogte gehouden van de ontwikkelingen en kunnen zij middelen ter beschikking stellen door bijvoorbeeld verklaringen/verslagen te evalueren, vertaaldiensten te verlenen, gezamenlijke bijeenkomsten met partijen te ondersteunen en andere praktische bijstand te verlenen. De ondersteunende NCP's zullen te goeder trouw handelen om de oplossing van het specifieke geval te bevorderen en alle betrokken NCP's zullen de vertrouwelijkheid en het passende gebruik van de van andere NCP's ontvangen informatie en materiaal respecteren.

32. De NCP's kunnen de voorzitter van de WPRBC om assistentie vragen, met inbegrip van voorstellen, bij gesprekken over welk NCP de leiding neemt en welke NCP's een ondersteunende rol hebben en hoe de onderlinge coördinatie geregeld wordt. Indien de NCP's er niet in slagen overeenstemming te bereiken, zou (zouden) het NCP (de NCP's) die het specifiek geval heeft (hebben) ontvangen, in overleg met de andere betrokken NCP's met een eindverklaring moeten komen en hen regelmatig op de hoogte houden van de voortgang van de zaak.

Initiële beoordeling

33. Na overleg met de partijen over de aan de orde gestelde kwesties en, in voorkomend geval, coördinatie met andere betrokken NCP's om in het licht van de paragrafen 29 tot en met 32 een leidend NCP aan te wijzen, zal het NCP een initiële beoordeling doen van de vraag of de aan de orde gestelde kwestie nader onderzoek rechtvaardigt.

Bij deze initiële beoordeling zal het NCP rekening houden met:

- de identiteit van de betrokken partij en haar belang bij de zaak;
- of de kwestie wezenlijk is, d.w.z. relevant voor de uitvoering van de *Richtlijnen*, en gemotiveerd, d.w.z. ondersteund door voldoende en geloofwaardige informatie;
- of de onderneming onder de *Richtlijnen* valt;
- of er een relatie lijkt te bestaan tussen de activiteiten van de onderneming en de kwestie die
- in het specifieke geval aan de orde wordt gesteld;
- de mate waarin het toepasselijke recht en/of parallelle procedures het vermogen van het NCP beperken om bij te dragen tot de oplossing van de kwestie en/of de uitvoering van de *Richtlijnen*, gezien paragraaf 35 hieronder;
- of het onderzoek van de kwestie bijdraagt tot het doel en de doeltreffendheid van de

Richtlijnen.

34. Na de initiële beoordeling zal het NCP aan de betrokken partijen een antwoord sturen. Indien het NCP besluit dat de kwesties geen nader onderzoek rechtvaardigen, dan stelt het de partijen in kennis van de redenen voor zijn besluit. Een besluit dat een zaak nader onderzoek rechtvaardigt, betekent niet dat de aan de orde gestelde kwesties definitief zijn onderzocht en impliceert niet dat wordt vastgesteld of een onderneming al dan niet in overeenstemming met de *Richtlijnen* heeft gehandeld.

Parallelle procedures

35. De term "parallelle procedures" verwijst naar gerechtelijke of buitengerechtelijke procedures, die nationaal of internationaal van aard kunnen zijn, die betrekking hebben op dezelfde of nauw verwante kwesties en die van invloed kunnen zijn op het lopend specifiek geval. Dit omvat bijvoorbeeld specifieke gevallen die bij hetzelfde NCP of een ander NCP zijn ingediend. Indien parallelle procedures zijn gevoerd, lopende zijn of beschikbaar zijn voor de betrokken partijen, vormt dit voor het NCP geen beletsel om de partijen zijn goede diensten aan te bieden. De NCP's zouden moeten beoordelen of een aanbod van goede diensten een positieve bijdrage kan leveren aan de oplossing van de aan de orde gestelde kwesties en/of de uitvoering van de *Richtlijnen* in de toekomst, en of zulks geen ernstige nadelen voor elk van de

betrokken partijen in deze andere procedures of een belediging van het hof kan opleveren. Bij een dergelijke beoordeling zouden de NCP's kunnen kijken naar de gebruikelijke handelswijze van andere NCP's, de mogelijkheid overwegen om het specifieke geval gedeeltelijk te aanvaarden of het onderzoek ervan op te schorten zolang de parallelle procedures lopen, en, in voorkomend geval, overleg plegen met de instanties waar de parallelle procedures worden of kunnen worden gevoerd. De NCP's zullen de partijen om assistentie verzoeken bij de behandeling van deze kwesties door relevante informatie en standpunten over de parallelle procedures te vragen.

Goede diensten

36. Wanneer de aan de orde gestelde kwesties nader onderzoek rechtvaardigen, zal het NCP zijn "goede diensten" aanbieden om bij te dragen tot de oplossing van de kwesties. Als onderdeel van goede diensten kan het NCP het advies inwinnen van relevante autoriteiten, alsook van vertegenwoordigers van het bedrijfsleven, werknemersorganisaties, andere niet-gouvernementele organisaties en deskundigen, in overeenstemming met de eigen procedures van het NCP voor de behandeling van zaken. Ook overleg met NCP's in andere landen, of het vragen van informatie aan het Secretariaat of advies van de WPRBC over kwesties die verband houden met de interpretatie van de *Richtlijnen*, kan helpen om de kwestie tot een goed einde te brengen.

37. Via goede diensten zullen de NCP's een platform bieden voor een dialoog tussen de partijen om te helpen bij het oplossen van de aan de orde gestelde kwesties. In overeenstemming met het buitengerechtelijke karakter van de specifieke procedure en mits de partijen daarmee instemmen, omvat de rol van het NCP het scheppen van voorwaarden voor dialoog en overeenkomst tussen de partijen over een verbintenis van de onderneming om de uitvoering van de *Richtlijnen* in de toekomst te bevorderen en, in voorkomend geval, eventuele negatieve gevolgen aan te pakken overeenkomstig de *Richtlijnen*. Bij het faciliteren van de dialoog moet het NCP de bepalingen van de *Richtlijnen* die relevant zijn voor de aan de orde gestelde kwesties toelichten als een manier om de partijen te ondersteunen bij het bereiken van een overeenkomst die verenigbaar is met de *Richtlijnen*.

38. Waar relevant stellen de NCP's, als onderdeel van hun "goede diensten", op consensus gerichte, niet-conflictueuze processen voor om de partijen te helpen de kwesties op te lossen, zoals bemiddeling of verzoening, of vergemakkelijken zij de toegang hiertoe. Conform de in dit verband algemeen aanvaarde praktijk kan uitsluitend tot zulke bemiddelings- of verzoeningsprocessen worden overgegaan indien alle betrokken partijen hiermee instemmen en zij zich verbinden te goeder trouw deel te nemen aan de procedure. Indien gekozen wordt voor bemiddeling, kunnen de NCP's ervoor kiezen de bemiddeling zelf uit te voeren of in overleg met de partijen externe mediators in te schakelen om de bemiddeling te verrichten of te ondersteunen.

Afsluiting van de Procedure

39. Van NCP's wordt verwacht dat zij te allen tijde de resultaten van een procedure publiekelijk beschikbaar maken in overeenstemming met paragrafen I.C-4 en I.C-6. van de Procedures.

40. Wanneer het NCP, nadat het zijn initiële beoordeling heeft gedaan, besluit dat de in een specifiek geval aan de orde gestelde kwesties geen nader onderzoek rechtvaardigen, dan zal het een verklaring publiekelijk beschikbaar maken na consultatie met de betrokken partijen en na overweging van de eventuele noodzaak om geheimhouding te bewaren over gevoelige bedrijfs- of andere informatie. Indien het NCP op basis van de resultaten van zijn initiële beoordeling meent dat het ongerechtvaardigd zou zijn om een partij publiekelijk te identificeren in zijn verklaring, dan mag het zijn verklaring zo opstellen dat de identiteit van die partij beschermd wordt.

41. Het NCP kan ook zijn besluit dat de aan de orde gestelde kwesties nader onderzoek rechtvaardigen en zijn aanbod van goede diensten aan de betrokken partijen openbaar maken.

42. Indien de betrokken partijen overeenstemming bereiken over de aan de orde gestelde kwesties, moeten zij in hun overeenkomst bespreken hoe en in hoeverre zij de inhoud van de overeenkomst publiekelijk beschikbaar willen maken. Het NCP zal in overleg met de partijen een verklaring met de resultaten van de procedure openbaar maken. Het NCP kan aanbevelingen doen over de uitvoering van de *Richtlijnen*, zelfs als er tussen de partijen overeenstemming of gedeeltelijke overeenstemming bestaat.

43. Indien de betrokken partijen niet tot overeenstemming komen over alle of sommige van de aan de orde gestelde kwesties, indien een of beide partijen zich uit de procedure terugtrekken of indien het NCP van oordeel is dat een of meer van de partijen bij de specifieke zaak niet bereid zijn zich in te zetten of te goeder trouw deel te nemen, legt het NCP een verklaring af en doet het in voorkomend geval aanbevelingen over de uitvoering van de *Richtlijnen* met betrekking tot de aan de orde gestelde kwesties. Deze procedure maakt duidelijk dat een NCP een verklaring zal afleggen, zelfs als het van mening is dat er geen specifieke aanbeveling nodig is. De verklaring zou ten minste de betrokken partijen moeten noemen, de aan de orde gestelde kwesties, de datum waarop de kwesties aan het NCP zijn gemeld, mogelijke aanbevelingen van het NCP en, indien het NCP dit gepast acht, eventuele verdere observaties over de redenen waarom de procedure niet tot een oplossing heeft geleid.

44. Indien zulks passend en relevant is voor het oplossen van de kwesties, kan het NCP ook naar eigen goeddunken, indien het toepasselijke nationale recht en zijn procedures voor de behandeling van zaken dit toestaan, in zijn eindverklaring zijn standpunt uiteenzetten over de vraag of de onderneming de *Richtlijnen* in acht heeft genomen. Evenzo kan het NCP, wanneer van toepassing, de betrokken overheidsinstanties in kennis stellen van de inzet te goeder trouw, of het ontbreken daarvan, van de partijen, en zou het op transparante wijze met de partijen moeten communiceren over voorgenomen of feitelijke stappen in dit verband.

45. Het NCP zou de partijen de gelegenheid moeten bieden commentaar te leveren op de conceptverklaring. Echter, de verklaring komt van het NCP en het is derhalve aan het NCP om te besluiten of het de verklaring op basis van het commentaar van partijen wijzigt of niet.

Follow-up

46. De NCP's zullen follow-up geven aan overeenkomsten die zij faciliteren of aanbevelingen die zij in voorkomend geval doen. Follow-up kan bijvoorbeeld niet relevant zijn in situaties waarin partijen weigeren aan een dergelijke follow-up mee te werken of zijn overeengekomen dat alle kwesties volledig zijn opgelost. De termijnen daarvoor zouden in de verklaring van het NCP moeten worden vermeld. De follow-up kan bijvoorbeeld bestaan uit verzoeken om updates van de partijen, of op een of meer bijeenkomsten tussen het NCP en de partijen (afzonderlijk of samen) om de voortgang te beoordelen bij de uitvoering van de verbintenissen die in de overeenkomst zijn aangegaan, of op de aanbevelingen van het NCP. Na het uitvoeren van de follow-up zou het NCP hierover verklaringen moeten publiceren.

Transparantie en geheimhouding

47. Transparantie wordt erkend als algemeen beginsel voor het optreden van NCP's (zie bovenstaande paragraaf 10c van de "kerncriteria inzake doeltreffendheid"). In paragraaf I.C-6. van de Procedures wordt echter erkend dat er specifieke omstandigheden zijn waarin de geheimhouding van bepaalde door de partijen aangevoerde feiten en argumenten gerechtvaardigd is. Het NCP zal bijvoorbeeld passende maatregelen nemen om gevoelige bedrijfsinformatie, zoals commerciële geheimen, te beschermen. Ook andere informatie, zoals de identiteit van de personen die bij de procedure betrokken zijn, zou geheim moeten worden gehouden, bijvoorbeeld wanneer openbaarmaking van deze informatie deze personen of verwante personen blootstelt aan represailles. Het blijft echter zaak een evenwicht te vinden tussen openheid en vertrouwelijkheid, zodat er vertrouwen in het proces van een specifiek geval ontstaat en om de effectieve implementatie van de *Richtlijnen* te bevorderen. Erkend wordt dat NCP's verplicht kunnen zijn de nationale wetgeving inzake transparantie en openbaarmaking te volgen, ongeacht deze bepalingen.

48. Met betrekking tot het delen van informatie tussen partijen zou het NCP, in het belang van een billijk proces, de partijen in beginsel op de hoogte moeten brengen van alle relevante feiten en argumenten die door de andere partijen tijdens de procedure aan het NCP worden voorgelegd (met name tijdens de "goede diensten"-fase). Indien een partij een redelijk verzoek indient om een stuk niet volledig met de andere partij te delen, met name om gevoelige bedrijfsinformatie en de belangen van andere belanghebbenden te beschermen, zou het NCP met de indienende partij moeten samenwerken om gevoelige inhoud te redigeren om het delen ervan te vergemakkelijken. NCP's zouden zoveel mogelijk moeten voorkomen dat fundamentele aspecten van hun beslissingen worden gebaseerd op informatie waarover beide partijen niet beschikken.

49. Wat de communicatie met het publiek of derden over het specifieke geval betreft, kunnen de partijen en het NCP, in overeenstemming met het kerncriterium van transparantie, publiekelijk communiceren over het bestaan van het specifieke geval, tenzij tussen de partijen en het NCP anders is overeengekomen. Voorts worden de NCP's aangemoedigd om de partijen in staat te stellen publiekelijk te communiceren over de fase van het proces zoals beschreven in Deel I.C.1.-5 van de Procedures (of dit zelf te doen), en om partijen in staat te stellen over hun eigen ingediende zaak te publiceren. Beide partijen kunnen ook informatie of documenten die door de andere partij worden gedeeld met hun adviseurs in het specifieke geval bespreken, op voorwaarde dat deze adviseurs zelf deze informatie niet verder openbaar maken. Andere informatie is vertrouwelijk, tenzij de partijen anders overeenkomen. De NCP's zullen met name de partijen bij het begin van het proces informeren dat zij op geen enkel moment feiten en argumenten openbaar mogen maken die tijdens de procedure door de andere partij of door het NCP zelf (met inbegrip van, in voorkomend geval, een externe bemiddelaar of bemiddelaar) zijn gedeeld en die niet reeds openbaar zijn zonder de toestemming van de andere partij of het NCP. In het belang van de voorspelbaarheid en het vertrouwen kunnen NCP's de partijen en hun adviseurs om schriftelijke waarborgen in dit verband verzoeken en in hun procedures voor de behandeling van zaken bepalingen vaststellen die de naleving van hun verzoeken om niet-openbaarmaking bevorderen.

Kwesties die ontstaan in landen die de Richtlijnen niet onderschrijven

50. Zoals opgemerkt in paragraaf 2 van het hoofdstuk "Begrippen en uitgangspunten" worden ondernemingen aangemoedigd de *Richtlijnen* overal waar zij actief zijn, na te leven, rekening houdend met de bijzondere omstandigheden in elk gastland.

- Indien zich in een niet-Onderschrijvend land kwesties in samenhang met de *Richtlijnen* voordoen, nemen de NCP's van de thuislanden maatregelen om meer inzicht in de desbetreffende kwesties te krijgen. Hoewel het niet altijd mogelijk zal zijn alle relevante informatie te verkrijgen of alle betrokken partijen bijeen te brengen, zullen de NCP's vaak wel in staat zijn onderzoek in te stellen of op andere wijze feiten te vergaren. Zo kan contact worden opgenomen met het management van de onderneming in het gastland en, eventueel, met ambassades en de bevoegde autoriteiten in het niet-Onderschrijvende land.
- Conflicten met wetten, voorschriften, regels en beleid van het gastland kunnen een effectieve implementatie van de *Richtlijnen* in specifieke gevallen moeilijker maken dan in Onderschrijvende landen. Zoals in de toelichting bij het hoofdstuk over Algemene Beginselen wordt gesteld, gaan de *Richtlijnen* in veel gevallen wel verder dan de wet, maar is het niet de bedoeling ondernemingen in een situatie te brengen waarin ze met tegenstrijdige verplichtingen worden geconfronteerd.
- De betrokken partijen zullen moeten worden ingelicht over de beperkingen waaraan de implementatie van de *Richtlijnen* in niet-Onderschrijvende landen onderworpen is.
- Kwesties in samenhang met de toepassing van de *Richtlijnen* in niet-Onderschrijvende landen kunnen ook tijdens de bijeenkomsten van de NCP's worden besproken, zodat er expertise in de behandeling van dergelijke problemen kan worden opgebouwd.

Indicatieve termijnen

51. De procedure voor specifieke gevallen bestaat uit vijf verschillende fasen:

1. Coördinatie: In voorkomend geval, coördinatie met andere NCP's op basis van de kenmerken van het gemelde specifieke geval om het leidende NCP te bepalen. De eerste coördinatieafspraken om de leidende en ondersteunende NCP's vast te stellen, zouden binnen twee maanden moeten worden voltooid.

Initiële beoordeling en besluit over het al dan niet aanbieden van goede diensten om de partijen bij te staan: De NCP's zouden er naar moeten streven deze fase in drie maanden af te ronden, na de vaststelling van de leidende en ondersteunende NCP's, hoewel extra tijd nodig zou kunnen zijn om de noodzakelijke informatie te verzamelen of te vertalen om tot een overwogen besluit te komen.

Assistentie aan de partijen bij hun inspanningen om de aan de orde gestelde kwesties op te lossen: Indien een NCP besluit zijn goede diensten aan te bieden, zou het ernaar moeten streven tijdig tot een oplossing te komen van de aan de orde gestelde kwesties. Hoewel erkend wordt dat vooruitgang via de goede diensten van het NCP, waaronder verzoening en bemiddeling, uiteindelijk afhangt van de betrokken partijen, zou het NCP, na overleg met de partijen, een redelijke termijn moeten stellen voor de discussie tussen partijen om tot een oplossing te komen. Indien het hen niet lukt om binnen die termijn tot een oplossing te komen, zou het NCP met partijen moeten overleggen over de zin van het verlengen van zijn assistentie; als het NCP tot de conclusie komt dat verlenging van de procedure naar waarschijnlijkheid niet zinvol is, dan zou het de procedure moeten afsluiten en een verklaring opstellen.

Afsluiting van de procedure: Het NCP zou ernaar moeten streven zijn verklaring binnen drie maanden na de afronding van de procedure af te leggen.

Follow-up: Het NCP kan zijn eigen tijdschema voor een eventuele follow-up vaststellen in overleg met de partijen.

52. Als algemeen uitgangspunt geldt dat NCP's ernaar zouden moeten streven de hele procedure binnen 12 maanden (14 maanden indien coördinatie nodig is om een leidend NCP te bepalen) na ontvangst van de melding van het specifieke geval af te ronden. Erkend wordt dat deze termijn wellicht moet worden verlengd indien de omstandigheden dit rechtvaardigen. Dergelijke situaties omvatten, maar zijn niet beperkt tot, situaties waarin de kwesties zich voordoen in een niet-Onderschrijvend land, wanneer bij het specifieke geval meerdere ondernemingen, meerdere indieners en meerdere NCP's betrokken zijn, of wanneer vertalingen nodig zijn. Wanneer vertragingen worden verwacht of ervaren bij de behandeling van een specifiek geval, zou het NCP de partijen tijdig op de hoogte moeten houden, zodat de procedure voorspelbaar blijft. Het NCP kan, in overeenstemming met zijn procedures voor de behandeling van zaken, besluiten updates over de status van zaken te publiceren.

Rapportage aan de WPRBC en het Investeringscomité

53. Rapportage is een belangrijke taak van de NCP's, die tevens bijdraagt aan de opbouw van een kennisbasis en essentiële vaardigheden om de effectiviteit van de *Richtlijnen* te bevorderen. De NCP's zullen daarom hun jaarverslag indienen bij de WPRBC en het Investeringscomité en in het jaarverslag over de OESO-*Richtlijnen* rapporteren over alle specifieke gevallen die door de partijen zijn geïnitieerd. De WPRBC zal het Comité een analyse van de jaarverslagen van het NCP verstrekken, die in het jaarverslag over de *Richtlijnen* moet worden opgenomen. De jaarverslagen van het NCP zouden specifieke gevallen moeten omvatten op het gebied van coördinatie, initiële beoordeling, goede diensten, conclusies of follow-up. Bij de rapportage over de implementatie in specifieke gevallen moeten de NCP's rekening houden met de overwegingen inzake openheid en vertrouwelijkheid zoals uiteengezet in paragraaf I.C-6-7 van de Procedures en in hun procedures voor de behandeling van zaken.

Ondersteuning van de inspanningen van de overheid om maatschappelijk verantwoord ondernemen te bevorderen

54. In het Besluit wordt erkend dat de NCP's steun kunnen verlenen bij de ontwikkeling, het beheer en de samenhang van overheidsbeleid en -programma's ter bevordering van maatschappelijk verantwoord ondernemen, waar passend en in overleg met de betrokken overheidsinstanties. De NCP's kunnen met name de afstemming op de *Richtlijnen* van dergelijke inspanningen ondersteunen en bijdragen aan het behoud van de positie ervan als internationale norm voor maatschappelijk verantwoord ondernemen, alsook andere instrumenten en richtsnoeren van de OESO die voortvloeien uit de *Richtlijnen*, zoals de OESO Due Diligence Handreiking.

55. Er zijn verschillende manieren waarop NCP's hun regering kunnen ondersteunen bij haar inspanningen om, afhankelijk van de context, een samenhangend beleid ter bevordering van maatschappelijk verantwoord ondernemen te ontwikkelen, uit te voeren en te bevorderen. Ten eerste worden NCP's aangemoedigd om relevante overheidsinstanties te informeren door hun verklaringen en verslagen, evenals andere gegevens, enquêtes en inzichten, te delen wanneer het NCP weet dat deze relevant zijn voor het beleid en de programma's van een specifiek agentschap, zoals handelsmissies, economische diplomatie of andere ondersteuning en diensten aan ondernemingen. Ten tweede vonden Onderschrijvende landen het nuttig hun NCP te betrekken bij de ontwikkeling en uitvoering van beleid of programma's, zoals nationale actieplannen over maatschappelijk verantwoord ondernemen en/of ondernemings- en mensenrechten. Deze bepaling verandert niets aan het vrijwillige karakter van de *Richtlijnen*, en bij steun die door het NCP wordt verleend of die van het NCP wordt gevraagd, zou rekening moeten worden gehouden met de capaciteiten en prioriteiten van het NCP, en zou geen afbreuk moeten worden gedaan aan zijn vermogen om zijn in het Besluit en de Procedures beschreven verantwoordelijkheden na te komen.

Toelichting op de Procedures voor het Investeringscomité, de WPRBC en het Secretariaat

56. De Procedures bij het Besluit van de Raad bevatten ook aanwijzingen voor het Comité, de WPRBC en het Secretariaat met betrekking tot de uitvoering van hun taken, waaronder:

- het uitvoeren van taken op een efficiënte manier en binnen een redelijke termijn;
- het ingaan op verzoeken om bijstand van NCP's, onder meer door het verstrekken van verduidelijkingen, aanwijzingen en informatie over de interpretatie van de *Richtlijnen* in specifieke gevallen;
- het organiseren van gedachtewisselingen over de activiteiten van NCP's;
- het bieden van de mogelijkheid om advies in te winnen bij internationale partners en deskundigen.

57. Gezien het niet-bindende karakter van de *Richtlijnen* kan het Comité niet als rechtsprekend of quasi-rechtsprekend orgaan optreden. Ook zouden de bevindingen en verklaringen van een NCP (behalve interpretaties van de *Richtlijnen*) niet ter discussie moeten worden voorgelegd aan het Comité. De bepaling dat het Comité geen conclusies over het gedrag van afzonderlijke ondernemingen mag trekken, is ook in het Besluit zelf opgenomen.

58. Het Secretariaat en de WPRBC zullen verzoeken van NCP's om assistentie in geval van twijfel over de interpretatie van de *Richtlijnen* in lopende specifieke gevallen in behandeling nemen. In dergelijke situaties zouden de NCP's eerst contact moeten opnemen met het Secretariaat voor informatie over de interpretatie van de *Richtlijnen* in soortgelijke gevallen. Wanneer dergelijke informatie niet beschikbaar is of ontoereikend is om het NCP bij te staan of het Secretariaat niet in staat is het NCP te assisteren, kan het NCP de WPRBC om advies vragen. Dergelijke verzoeken worden vertrouwelijk en, afhankelijk van de

beschikbare middelen, snel behandeld. Om de behandeling van verzoeken om aanwijzingen te versnellen, kan de WPRBC ad-hocvergaderingen organiseren of een subgroep oprichten om op dergelijke verzoeken te reageren. In dat geval zal de WPRBC procedures ontwikkelen die door de subgroep moeten worden gevolgd. De door het Secretariaat verstrekte informatie en de aanwijzingen van de WPRBC zijn vertrouwelijk, specifiek voor een zaak en adviserend van aard. Het Secretariaat brengt regelmatig verslag uit aan de WPRBC en de WPRBC brengt regelmatig verslag uit aan het Comité over kwesties die aanleiding hebben gegeven tot verzoeken om informatie en aanwijzingen, en over de verstrekte antwoorden, met inachtneming van de vertrouwelijkheid. Indien de WPRBC van mening is dat een vraag waarover om aanwijzingen wordt verzocht, een verduidelijking van de interpretatie van de *Richtlijnen* vereist, verzoekt zij het NCP het Comité om verduidelijking te vragen op basis van Deel II.2.c van de Procedures.

59. Verduidelijkingen van de interpretatie van de *Richtlijnen* op grond van Deel II.2.c van de Procedures blijven een belangrijke verantwoordelijkheid van het Comité om ervoor te zorgen dat de interpretatie van de *Richtlijnen* niet van land tot land verschilt. Een verzoek om verduidelijking kan worden ingediend door een Onderschrijvend land, een adviesorgaan (BIAC of TUAC) of OECD Watch, en kan onder meer betrekking hebben op de vraag of een NCP de *Richtlijnen* juist heeft geïnterpreteerd of een eerder Comité in een afgesloten specifiek geval. De verduidelijking door het Comité zal worden voorbereid door de WPRBC met de steun van het Secretariaat, volgens door het Comité vast te stellen procedures, en op de website van de OESO worden bekendgemaakt. Het Investeringscomité zal geen conclusies trekken over het gedrag van individuele ondernemingen bij het geven van verduidelijking, en van NCP's wordt niet verwacht dat zij een specifieke zaak opnieuw openen als gevolg van een verduidelijking.

60. Bij de bespreking van NCP-activiteiten kan het Comité zo nodig aanbevelingen doen om de werking ervan te verbeteren, onder meer met betrekking tot de doeltreffende uitvoering van de *Richtlijnen* en om situaties aan te pakken waarin een NCP niet functioneert. Het Comité kan met name, op basis van de laatste twee jaarlijkse rapportagecycli van een NCP en op voorstel van de WPRBC, bepalen dat een NCP gedurende langere tijd en zonder gegronde reden kennelijk niet heeft gefunctioneerd op een wijze die in overeenstemming is met de Procedures. Een dergelijke bevinding kan bijvoorbeeld berusten op het herhaalde verzuim om de middelen toe te wijzen die nodig zijn voor de minimale vervulling van de verantwoordelijkheden van het NCP, aantoonbaar ontoereikende institutionele regelingen, het ontbreken van promotieactiviteiten, herhaalde en aanzienlijke onnodige vertragingen bij de behandeling van specifieke gevallen, of het ontbreken van rapportage. Het Comité kan vervolgens aanbevelingen doen aan het land van het NCP en het land verzoeken binnen een bepaalde termijn verslag uit te brengen over de uitvoering en verdere aanbevelingen te doen indien het Comité er niet van overtuigd is dat het NCP functioneert op een wijze die in overeenstemming is met de Procedures. Het Comité kan het Secretariaat verzoeken het Onderschrijvende land bij te staan bij de uitvoering van de aanbevelingen. Het Onderschrijvende land wiens NCP betrokken is, zou te goeder trouw aan het proces moeten deelnemen en wordt geacht zich bij de consensus aan te sluiten, behalve in uitzonderlijke, door dat land bepaalde omstandigheden.

61. Het Comité zal zich ook buigen over een gemotiveerde verklaring van een deelnemend land, een adviesorgaan (BIAC of TUAC) of OECD Watch dat een NCP in specifieke gevallen zijn procedurele verantwoordelijkheden bij de uitvoering van de *Richtlijnen* niet vervult. Het antwoord van het Comité wordt voorbereid door de WPRBC met de steun van het Secretariaat, volgens de door het Comité vastgestelde procedures. Het zal bij consensus worden goedgekeurd. Het Onderschrijvende land wiens NCP het voorwerp is van een gemotiveerde indiening, zou te goeder trouw aan het proces moeten deelnemen en wordt geacht zich bij de consensus aan te sluiten, behalve in uitzonderlijke, door dat land bepaalde omstandigheden. Het Comité geeft het betrokken Onderschrijvende land de mogelijkheid om zijn standpunt over de gemotiveerde indiening kenbaar te maken voordat het een besluit neemt, en het Comité kan het Onderschrijvende land verzoeken binnen twaalf maanden na het antwoord verslag uit te brengen over de uitvoering van eventuele aanbevelingen.

62. Om met niet-Onderschrijvende landen in gesprek te gaan over aangelegenheden die onder de *Richtlijnen* vallen, kan het Comité geïnteresseerde niet-Onderschrijvende landen uitnodigen voor zijn bijeenkomsten, jaarlijkse ronde-tafelbijeenkomsten over verantwoord ondernemerschap en bijeenkomsten in het kader van specifieke projecten over maatschappelijk verantwoord ondernemen. Tot slot kunnen het Comité en de WPRBC deskundigen vragen om bredere kwesties (bijvoorbeeld kinderarbeid of mensenrechten) of individuele kwesties aan te pakken en daarover verslag uit te brengen, of om de doeltreffendheid van de procedures te verbeteren. Daartoe zou het Comité een beroep kunnen doen op interne deskundigheid van de OESO, andere internationale organisaties, adviesorganen (BIAC en TUAC), OECD Watch, niet-gouvernementele organisaties, academici en anderen. Vanzelfsprekend is het niet de bedoeling dat dit een panel wordt om specifieke problemen op te lossen.

www.ingramcontent.com/pod-product-compliance
Lightning Source LLC
LaVergne TN
LVHW082047051026
849532LV00011B/3509